AF465975

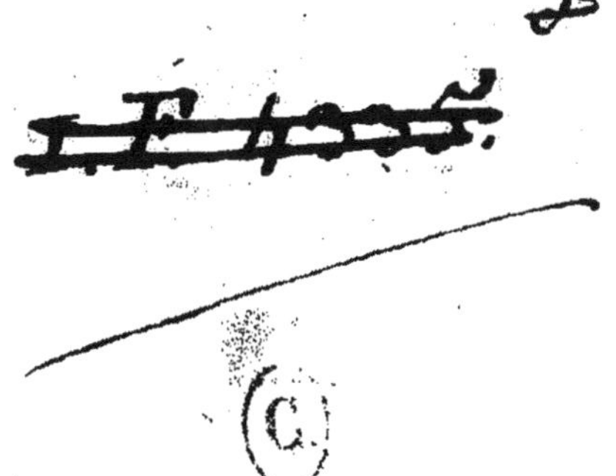

EXAMEN

DE

CE QUE COUTENT

AU ROI ET A LA NATION

LA GABELLE

ET LE TABAC.

par Mr. Le Trosne.

M. DCC. LXXVII.

AVERTISSEMENT

DE L'ÉDITEUR.

Cet Ouvrage a été trouvé avec un grand nombre d'autres mémoires, lors d'un inventaire après décès. Les héritiers, qui n'y prenoient pas grand intérêt, en ont laissé prendre communication, & il a été facile d'en tirer une copie.

Comme l'objet en a paru intéressant, on a cru pouvoir en faire part au public, après y avoir fait divers changements que l'auteur auroit probablement fait lui-même, s'il s'étoit proposé de le publier; car il est tout différent d'écrire un mémoire destiné à rester manuscrit, ou de travailler pour l'impression. L'ouvrage étant anonyme, il est inutile de rendre compte des additions & changements que j'ai cru devoir y faire.

DISSERTATION PRÉLIMINAIRE SUR *LES PRINCIPES DE L'IMPÔT en général.*

TOUT le monde convient de la néceſſité d'une réforme dans l'aſſiete, la répartition & la perception du revenu public : & à l'aide du temps & de la diſcuſſion libre, on conviendra généralement des principes ſur leſquels elle doit être entrepriſe, pour être auſſi ſolide & auſſi avantageuſe qu'on doit ſe le propoſer. Ces principes ſont auſſi ſimples dans la théorie, que sûrs dans la pratique. Lorsqu'on les a saisis, on ne peut plus varier que sur la maniere de les appliquer à une nation qui depuis long-temps en a suivi de contraires. La marche qu'il faut tenir pour y ramener cette nation, dépend de son état donné, de la forme actuelle de son imposition, du bénéfice plus ou moins grand que peut fournir la suppression de tel ou tel impôt, du progrès plus ou moins rapide de la régénération des richesses & du revenu, en conséquence des réformes successives : & l'état étant donné, cette marche n'a rien d'arbitraire; car quoique les détails de l'exécution puissent le paroître, ils doivent être subordonnés à un plan général, établi ſur la connoiſſance & ſur la conviction des principes ; de maniere que chaque opération particuliere ſoit dirigée par eux. Dans cet état intermédiaire entre le déſordre & l'ordre, on ne peut encore ſuivre les principes dans toute leur pureté & leur ſimplicité ; mais ils doivent être la raiſon univerſelle de toutes les démarches particulieres : il faut les avoir conſtamment ſous les yeux, pour tendre à s'en rapprocher le plus poſſible, juſqu'à ce que l'adminiſtration ſoit parfaitement rentrée dans l'ordre, pour ne s'en écarter jamais.

Les citoyens inſtruits, & qui aiment la patrie, ne peuvent rien faire de plus utile & de plus méritoire que de diriger leurs vues sur un objet si important au rétablissement de la chose publique : ils doivent être persuadés qu'ils n'ont rien à craindre sous un gouvernement qui sait que le bien ne peut naître que de la réunion des lumieres ; que les fausses vues & les erreurs ne peuvent être écartées que par la contradiction, & que les vrais principes ne peuvent acquérir l'autorité qu'ils doivent avoir, que par la discussion publique & libre.

Mon but dans cet ouvrage n'est pas d'embrasser tous les impôts, pour les examiner chacun en particulier, ni de traiter en grand la matiere de l'impôt. Je sens qu'il faudroit discuter avec trop d'étendue cette matiere, qui eſt immenſe par la multiplicité de ſes rapports & par ſes influences ſur toute l'économie d'une nation. Je veux ſeulement préparer quelques matériaux, & commencer à réunir tous les eſprits ſur des points de fait trop évidents pour qu'on puiſſe les conteſter : je veux fixer l'attention ſur des calculs qui ſont ſous nos yeux, mais qu'on n'a jamais approfondis, faute d'en avoir raſſemblé les éléments. Je préſenterai des réſultats ſi étendus, que ceux qui n'appercevroient pas avec la même évidence les raiſons de toutes les parties qui y entrent, peuvent s'en tenir à celles qui n'exigent aucune diſcuſſion. Je veux que tout le monde voie, ſente & touche au doigt que les impôts *de la Gabelle & du Tabac* ſont ſi onéreux à la nation, & ſi peu fructueux pour le Roi, que quelques moyens qu'on prenne pour les remplacer, l'avantage ne peut qu'être immenſe. Je laiſſe à d'autres la gloire de propoſer les moyens : je ne cherche qu'à réveiller l'attention, & à exciter le zele.

En vérité les hommes, quoique très-intéreſſés, ſont aveugles ſur leurs intérêts en fait d'impôt ; ils raiſonnent comme des enfants, faute de ſavoir établir leur calcul. Je me propoſe ici de leur aider à le faire. J'eſpere par exemple mettre les gens les moins inſtruits à portée de faire ce raisonnement: Chaque vingtieme territorial (1), avec les sous pour livre, coûte environ vingt-deux millions à la nation : le Roi en reçoit à peu près vingt millions. Voilà qui est clair ; il ne résulte aucune perte, aucune dégradation, aucune détérioration : les propriétaires sont privés de vingt-deux millions de jouissance, qui au lieu d'être

(1) Je ne parle ici que du vingtieme territorial. Le vingtieme peut aller plus haut si l'on y comprend celui des loyers de maisons : mais le vingtieme des loyers de maisons ne doit pas être regardé comme un impôt territorial ; car une maison n'est pas plus un fonds productif par lui-même qu'une rente ; & le loyer qu'en reçoit le propriétaire, est pour le locataire une dépense qui directement ou indirectement est fournie par la terre.

dépenſés par eux, ſont employés par le gouvernement à la dépenſe publique. *Le ſel* & *le tabac* réunis enſemble, ſemblent produire au Roi cinquante-ſept millions : ils coûtent telle ſomme *directement*, & telle autre ſomme *indirectement* par la perte qui en réſulte. Quel eſt l'impôt le moins onéreux ? quel eſt le plus utile à l'état ?

La dépenſe réelle & effective que coûtent à la nation *la gabelle* & *le tabac*, n'a beſoin que d'être expoſée : il ſuffit de ſavoir que deux & deux font quatre, pour être en état de juger. Il faut plus de diſcuſſion pour ſentir ce que ces impôts coûtent *indirectement* en anéantiſſement de richeſſes & de revenu. Parmi les effets qui en réſultent,

ſultent, il en eſt qui, pour être bien ſaiſis, exigent la connoiſſance de quelques principes. Je vais déduire ici ceux qui me paroiſſent les plus néceſſaires à établir; & je tâcherai de les expoſer ſi ſimplement, qu'ils ſeront à la portée de tout le monde.

PRINCIPES DE L'IMPÔT EN GÉNÉRAL.

1.° LA terre eſt la ſource unique de tous les biens propres à la ſubſiſtance des hommes, & à remplir leurs divers beſoins de néceſſité, de commodité & de jouiſſance.

2.° La terre eſt féconde par elle-même; mais elle n'accorderoit à l'homme qu'une ſubſiſtance étroite, difficile & mal assurée, s'il n'avoit soin d'aider sa fécondité, & de multiplier les productions par son travail.

3.° La terre étant le seul fonds productif, le travail de la culture est le seul travail productif.

4.° Les travaux subséquents qui ont pour objet la préparation ou le transport des productions, sont plus ou moins nécessaires ou utiles ; mais ils ne sont pas productifs ; car la forme ou le changement de lieu ne sont pas des productions, ni des êtres existants par eux-mêmes.

5.° Aucun travail ne peut s'exécuter sans dépense ; & cette dépense consiste dans la subsistance de ses agents qui ne peuvent vivre ſans conſommer, & dans l'aſſemblage & la confection des inſtruments néceſſaires pour aider & faciliter le travail.

6.° Le travail de la culture étant productif, trouve dans les fruits qu'il fait naître le remplacement de ſa dépenſe.

7.° Le travail de la culture étant le ſeul productif, il eſt évident que les travaux ſubſéquents ne font pas naître le remplacement de la dépenſe qu'ils exigent.

8.° D'où il ſuit que leur dépenſe ne peut être payée que par les fruits ſpontanés de la terre, & par ceux qu'a fait naître le premier travail.

9.° Il y a donc deux ſortes de travaux, dont l'un eſt *produ-*

ctif & l'autre *ſtérile* ; & par conſéquent deux ſortes de dépenſes corrélatives à ces travaux. Ces deux dépenſes conſiſtent également dans une conſommation actuelle de production ; mais avec cette différence que l'une ſe régénere & ſe perpétue, tandis que l'autre eſt ſimple anéantiſſement & pure conſommation.

10.° Le travail de la culture ſuffit non ſeulement à ſa propre dépenſe, c'eſt-à-dire à celle du travail en lui-même, de ſes agents & de tous leurs ſalariés ; mais il fournit en outre un excédent plus ou moins conſidérable.

11.° C'eſt ſur cet excédent que vit la claſſe des propriétaires, qui entretient à ſon ſervice une infinité de gens dont elle paie les travaux, & qu'elle ne peut payer qu'avec les richesses que lui fournit le travail productif, dont elle partage les fruits. Ainsi la reproduction totale se partage entre les deux classes des cultivateurs & des propriétaires, dont la dépense réunie fait subsister la troisieme, qui n'existe que par les besoins des deux autres, & en raison des moyens qu'ils ont de les satisfaire [2].

---

[2] Il est étonnant combien une vérité aussi simple que celle de la stérilité absolue des travaux du commerce & de l'industrie, a éprouvé de contradictions. Comme elle a été traitée à fond dans différents ouvrages, & que cette dissertation contient plutôt une suite de principes, que j'ai droit de supposer prouvés (puisqu'ils l'ont été plus d'une fois),

12.° Il est donc bien intéressant pour la société que cet excé-

---

qu'un ouvrage de discussion, je suis dispensé de m'étendre sur les preuves. Je me contenterai d'en répandre quelques-unes dans des notes, renvoyant au surplus aux diverses dissertations qui ont été publiées, & principalement à la Physiocratie, second volume, (à Paris chez Merlin).

Les travaux de préparation & de transport sont de toute nécessité; mais ils n'ajoutent rien à la masse des productions recoltées. Et comme les hommes ne vivent & ne jouissent qu'en consommant, & qu'ils ne peuvent consommer que les productions de la terre ou des eaux; il s'ensuit que ces productions sont la mesure de leur dépense, & que plus ils trouvent moyen d'en augmenter la masse, plus ils ont de quoi dépenser.

Mais, dit-on, pour jouir des productions, les hommes ont besoin des travaux du commerce & de l'industrie. Cela est vrai : mais s'ensuit-il qu'on ne puisse distinguer entre deux genres de travaux, dont l'un fait naître

dent ſoit conſidérable; car il n'y a pas d'autre moyen de ſubſi-

---

les productions, les tire de la terre, les rend existantes de non existantes, & l'autre ne fait que les préparer ou les tranſporter? s'enſuit-il qu'il n'y ait pas une différence *phyſique* entre ces deux travaux, qui autoriſe à appeller l'un *productif*, & l'autre *non productif*? Cette différence n'eſt-elle pas fondée ſur ce que le premier travail s'exerce ſur un fonds à qui Dieu a donné la faculté de produire : au lieu que dans le ſecond l'homme travaille ſeul, & ſur des productions tirées de la terre, & qui ne peuvent plus ſe multiplier dans ſes mains?

Il eſt donc phyſiquement vrai que la ſomme qu'une nation a à dépenſer eſt décidée par celle de la reproduction, de maniere à ne pouvoir plus s'accroitre.

Tous les travaux de quelque nature qu'ils ſoient ont cela de commun, qu'ils ne peuvent s'exécuter ſans des dépenſes, dont une partie conſiſte dans la ſubſiſtance des travailleurs. Mais il ſe trouve encore une différence phy-

stance pour les propriétaires ni pour leurs salariés. Mais pour qu'il

---

sique entre les dépenses de ces deux genres de travaux ; c'est que le travail productif tire de la terre le payement de sa dépense, & ce remboursement est un don de la nature *qui ne coûte rien à personne*; au lieu que les travaux subséquents ne s'exerçant que sur des matieres produites, ne peuvent tirer que d'ailleurs le remboursement de leurs frais : ce remboursement devient une dépense pour ceux qui voudront jouir de ce travail ; & il ne peut se faire qu'avec des productions, puisqu'elles sont la seule matiere de toutes les dépenses. J'ai semé trois setiers de bled, j'en ai recolté dix-huit ; n'est-il pas clair que je reçois de la nature, & sans qu'il en ait rien coûté à personne, 1.° le remplacement de mes frais de semence & labour, 2.° un excédent disponible, qui par exemple est de dix setiers. Mon voisin a fait une montre, j'ai envie de l'avoir, & je l'acquiers moyennant dix setiers de bled : n'est-ce pas le produit de ma terre qui a payé le travail de cet

le ſoit, il faut provoquer fortement la fécondité de la terre ; il

---

ouvrier. Donc le travail productif paye ſes propres frais, & donne en outre un excédent & une portion des fruits qu'il fait naître, ſert à payer les frais de tous les autres travaux : donc tout ce qui ſe paye dans la ſociété eſt originairement & proprement payé par les premiers copartageants de la reproduction ; & ſous ce rapport la ſociété ſe partage en deux claſſes, celle qui paye & celle qui eſt payée. La ſeconde claſſe paye auſſi ſans doute, mais elle ne paye que parce qu'elle a été d'abord payée, & avec ce qu'elle a reçu ; ſa dépenſe eſt une partie, & une ſeconde, troiſieme, quatrieme, &c. diſtribution de la dépenſe des propriétaires & des cultivateurs qui la défrayent.

Faiſons diſparoître un moment l'argent qui eſt le gage intermédiaire des échanges, & qui n'eſt mis en mouvement que par les productions : ſuppoſons que tout ſe faſſe par échange, & qu'il exiſte cent mille meſures de productions de tout genre : la claſſe des cul-

faut beaucoup dépenser pour elle ; parce qu'elle ne rend qu'en pro-

---

tivateurs en retient soixante mille, & en verse quarante mille aux propriétaires, comme produit net de la culture. Voilà la matiere de toutes les dépenses ; & s'il reste dans une nation une quantité d'objets de consommation & de jouissance, ce sont des fonds & des capitaux accumulés des années précédentes, qui ne changent rien à la distribution annuelle. La classe productive a besoin de divers travaux de la classe stérile, & lui donne vingt mille mesures pour les acheter. La classe propriétaire en a également besoin, & lui livre vingt mille mesures. La classe stérile se trouve donc en possession de quarante mille mesures : de cette somme passée dans ses mains, moitié est employée à remplacer les matieres premieres de ses travaux, & l'autre moitié sert à la nourriture & entretien de ses agents. Cette distribution n'augmente pas les productions d'une seule mesure.

Les ouvriers ne font donc que transporter sur les matieres premieres, par le moyen de

portion du travail, & que le travail n'eſt productif qu'autant qu'il

---

leur travail, la valeur des denrées qu'ils ont conſommées. La grande concurrence qui ſe trouve entr'eux met au rabais le prix de leur travail, & borne leurs ſalaires à leur ſubſiſtance ſouvent aſſez étroite : & il en eſt de même des agents ſubalternes du commerce.

On dira peut-être que ſi les artiſans ne font que gagner leur vie, les entrepreneurs des travaux du commerce & de l'induſtrie font de gros bénéfices, & s'enrichiſſent. Cela eſt vrai, mais ſi l'on en conclut que ces bénéfices ſont un accroiſſement de richeſſes pour une nation, on eſt en droit de conclure que lorſqu'un homme gagne le gros lot de la loterie, il y a accroiſſement de richeſſes pour la nation. Les entrepreneurs, outre leurs ſoins, apportent des capitaux & des avances dont ils doivent retirer un intérêt proportionné ; car perſonne ne fait des avances, que dans l'eſpérance d'un bénéfice ; ils auroient pu acquérir des propriétés foncieres qui leur auroient donné un revenu ; & il faut conſi-

eſt aidé & ſoutenu par une forte dépenſe : de maniere que détourner la dépenſe de cet emploi à la terre, c'eſt ſupprimer & éteindre d'autant la reproduction, & par conſéquent la population qui auroit vécu ſur la régénération de cette dépenſe, & par conſéquent celle qui auroit vécu ſur l'excédent que cette dépenſe auroit fait naître au-delà de ſon montant.

13.°

dérer que leurs bénéfices doivent leur ſervir à réparer les pertes auxquelles ils ſont expoſés : mais ces bénéfices ſont des frais pour ceux qui les payent, frais qui ſont toujours payés par la production, qui ne forment pas dans une nation un accroiſſement, mais un emploi de richeſſes, & qu'il eſt de l'intérêt des deux claſſes propriétaires de la totalité de la reproduction, de réduire aux frais indiſpenſables par la libre concurrence.

13.° Les avances qui ſe font pour obtenir la reproduction annuelle, ſont de deux ſortes : *les avances primitives*, qui conſiſtent dans le fonds d'inſtruments & de beſtiaux néceſſaires pour l'exécution du travail & pour les engrais, & dans le fonds de ſubſiſtances qui doit nourrir les hommes & les animaux jufqu'à la premiere récolte : *les avances annuelles*, qui conſiſtent dans la dépenſe à faire d'une récolte à l'autre, en ſubſiſtance, ſemences, gages, frais de récolte, &c.

14.° *Les avances primitives* ne ſe détruiſent pas tous les ans, il faut ſimplement les entretenir & les renouveller. *Les avances annuelles* ſe dépenſent tous les ans;

leur montant forme une repriſe ſur la récolte précédente, & une avance à faire pour obtenir la récolte ſuivante.

15.° Outre cette repriſe, il eſt dû à l'entrepreneur de la culture un intérêt de ſa miſe en avances primitives, proportionné aux riſques. Cet intérêt n'eſt pas trop haut à dix pour cent [3].

16.° Il eſt de fait que la fécondité de la terre & le revenu dé-

---

[3] On a juſqu'ici donné ſi peu d'attention aux calculs de l'économie rurale, qu'on eſt ſujet à confondre dans la reproduction les repriſes avec le produit net, & que dans les repriſes on ne diſtingue pas ce qui eſt dû à l'entrepreneur, comme avances de culture, ou comme intérêt de ſon fonds primitif, ou comme indemnité des impôts & des charges indirectes. Ce n'eſt cependant, en toute ma-

pendent principalement de l'état des avances primitives, c'est-à-dire de la maniere dont la culture est montée. Lorsque l'impuissance & la pauvreté obligent

---

tiere, que par le calcul qu'on peut démêler les objets. On trouvera des tableaux détaillés de ces calculs dans les tomes 8, 9 & 10 des Ephémérides de 1767.

Un entrepreneur de culture arrive sur la terre qu'il a affermée avec un fonds d'avances primitives de vingt mille livres : ses avances annuelles sont de quatre mille livres, la reproduction est de dix mille livres. Il faut d'abord qu'il préleve ses quatre mille livres d'avances annuelles qu'il doit rendre à la terre pour obtenir la reproduction suivante. Mais ne lui est-il donc pas dû un intérêt de son fonds primitif de vingt mille livres qu'il auroit pu porter dans tout autre emploi, & dont il auroit tiré un bénéfice ? Cet intérêt ne paroîtra pas trop fort à dix pour cent, si l'on considere que son entreprise est sujette à des

d'épargner sur ce premier fonds, la reproduction n'est plus la même ; & les reprises annuelles, prélévées sur une reproduction plus foible, laissent bien moins de produit net. Qu'on ne s'y trompe pas : si dans la culture

---

risques dont le bénéfice doit l'indemniser, & que cet intérêt a encore une destination relative au bien de la culture ; c'est de servir à l'entretien de son premier fonds d'avances primitives qui se dégrade. L'entrepreneur doit donc faire son marché de maniere à avoir cet intérêt : & si un impôt imprévu vient lui en enlever une partie, l'effet de cet impôt sera de lui ôter, du moins en partie, une réserve nécessaire pour parer aux accidents physiques ; d'exposer les avances annuelles à être entamées au grand préjudice de la reproduction ; de priver cette profession de la sureté que l'emploi des capitaux doit y trouver ; en un mot, de changer les élements du traité, & les conditions sous lesquelles ce fermier a contracté.

médiocre & appauvrie, les avances annuelles paroiſſent moins conſidérables en ſomme, elles le ſont beaucoup plus relativement au revenu ; elles ne rendent par exemple que vingt-cinq pour cent de leur montant : ſi elles étoient ſoutenues par de fortes avances primitives, elles rendroient cent pour cent. La petite culture eſt foible en avances primitives, & chere en avances annuelles, relativement au produit net.

17.° Le produit net ou revenu ne peut exiſter qu'après le prélévement des repriſes ; car il ne conſiſte que dans l'excédent. Ainſi la reproduction totale ſe partage néceſſairement en deux portions ; dont l'une doit reſter immuable.

ment attachée à la terre, elle eſt deſtinée à perpétuer le travail productif, à faire ſubſiſter les agents de la culture, & tous ceux qui doivent vivre ſur leur dépenſe ; l'autre eſt le patrimoine du ſurplus de la ſociété, c'eſt-à-dire des propriétaires, du Souverain, & de leurs ſalariés.

18.° La ſociété conſidérée par rapport aux moyens de ſubſiſtance, & à ce partage de la reproduction, ſe diviſe donc par la nature des choſes, en trois claſſes. Celle des cultivateurs qui vit ſur les repriſes annuelles ; celle des propriétaires qui reçoit l'excédent des repriſes, & qui comprend le Souverain ; & la claſſe ſalariée & ſoudoyée en quelque genre que ce ſoit, qui vit ſur la dépenſe des deux premieres claſſes, & qui reçoit d'elles une portion de la reproduction pour prix de ſes ſervices.

19.° Les productions étant la ſeule matiere de toutes les dépenſes, il s'enſuit qu'une nation ne peut dépenſer annuellement plus que ſa reproduction annuelle, & que les travaux ſubſéquents à celui de la culture ne multipliant pas les productions, ne peuvent étendre la faculté de dépenſer [4]. Ces travaux ſont plus ou moins

(4) Peut-être dira-t-on que cette propoſition n'eſt vraie que pour l'univerſalité du monde entier, & non pour une nation particuliere qui peut conſommer une portion de la reproduction d'une nation voiſine : mais

nécessaires ou utiles, mais ils sont absolument *stériles*.

---

les nations voisines ne lui donneront pas pour rien une portion de leur reproduction ; elle ne pourra l'obtenir que par voie d'échange. Or l'échange est un contrat d'égalité, dans lequel il faut donner autant que l'on reçoit. Il faut donc que la nation qui veut consommer des productions étrangeres, fournisse l'équivalent, & tire de son territoire la faculté de le fournir.

On insiste, & l'on dit : *Il est vrai que les nations voisines ne donneront pas leurs productions pour rien ; mais on peut les acheter par des travaux de main-d'œuvre ; & ces travaux étant payés par l'étranger, assurent à la nation qui vend, un bénéfice indépendant de son territoire, & aux agents de l'industrie la propriété d'accroître par leurs travaux les richesses de la nation.*

Il y a tant d'observations à faire sur ce raisonnement, qu'il faut tâcher d'y mettre quelque ordre.

1.° Ce bénéfice n'est point indépendant

20.° La quotité du produit net dépend non seulement de la quan-

---

du territoire, puisque les ouvriers qui ont fabriqué ces ouvrages vendus à l'étranger, ont tiré du territoire les matieres premieres, ou du moins les objets de leur consommation pendant le travail.

2.° Cette vente faite à l'étranger n'est en très-grande partie qu'un remboursement de la valeur des matieres premieres, & de celle des frais de fabrication & de commerce : elle ne donne un bénéfice net que pour l'excédent.

3.° Ce bénéfice n'est point proprement un profit national, mais très-particulier à ceux qui l'obtiennent : il n'y a de profit vraiment national que celui qu'une nation tire de son territoire, parce qu'il n'y a que celui-là qui soit vraiment contribuable à la dépense publique. Les profits pécuniaires d'un marchand ou manufacturier ne le sont pas : l'argent dans leurs mains trouve bien moyen d'échapper à l'impôt. En effet le Souverain ne peut établir sur eux que des impôts *indirects*; mais il ne le peut qu'autant qu'il en établit

tité des productions annuelles, mais aussi de *leur valeur* ; car

---

sur toute la nation ; & ce mémoire va prouver si c'est une bonne maniere d'asseoir le revenu public. D'ailleurs ces commerçants & fabricants savent bien se rédimer de l'impôt auquel on prétend les soumettre, & ne manquent pas de les ajouter aux frais de commerce & de fabrication ; & comme ils travaillent au moins autant pour la nation que pour l'étranger, ces impôts retombent en grande partie sur la nation elle-même.

4.° Puisqu'on veut mettre ici la nation en jeu, tandis qu'il ne s'agit que de l'intérêt de quelques manufacturiers & traficants, je dirai que si la nation vend à l'étranger des services de voitures ou de main-d'œuvre, elle en achete aussi de lui ; que si elle en reçoit des bénéfices, elle lui en paie ; ce qui fait compensation : & si elle se propose de toujours vendre sans acheter, ce commerce n'est plus un commerce d'échange ; il ne peut être ni avantageux ni abondant. L'étranger qui ne peut payer en marchandises, sera forcé

lorſqu'elles ont moins de valeur, il eſt indiſpenſable d'en prélever

---

de payer en argent ; il s'appauvrit, non pas préciſément parce qu'il diminue la maſſe de ſon numéraire, mais parce qu'il manque de ſoutenir la valeur de ſes productions par un commerce d'échange. Ces demi-politiques, partiſans de la balance du commerce, croiront trouver un avantage pour la nation qui vend, dans cette introduction d'argent : mais les loix de la nature ſont telles que les hommes ne ſauroient trouver un avantage réel dans ce qui eſt nuiſible aux autres. Un commerce qui ſe borne à l'argent eſt *incomplet* ; ce ſont les productions uſuelles qui doivent être l'objet du commerce, & non l'argent monnoie : & le négociant lui-même le ſait bien, les retours en argent ſont pour lui *un pis-aller* : il ſent qu'il n'y a rien à gagner pour lui dans ce retour, & qu'il eſt privé d'un bénéfice qu'un retour en marchandiſes lui auroit procuré.

5.° Le moyen de ſubſiſtance, tiré de la vente des ouvrages de main-d'œuvre à l'étranger, eſt abſolument précaire ; il dépend du

une plus grande quantité pour les repriſes de la culture, & il en reſte

---

goût & de la fantaiſie de l'étranger, qui peut échanger & porter ſa conſommation ailleurs, ou établir chez lui ces mêmes travaux. Ces ouvriers ſont des penſionnaires qu'il entretient chez vous, & qu'il peut laiſſer ſans ſubſiſtance au premier moment de guerre. Une nation agricole trouve dans ſon territoire une ſubſiſtance indépendante ; & elle fait une mauvaiſe opération de provoquer par des faveurs particulieres ce genre de travail qui peut lui échapper de bien des manieres, & laiſſer dans la plus grande détreſſe ceux qui s'y ſont livrés.

6.° Ce prétendu bénéfice qu'on nous préſente comme un moyen d'enrichir une nation, eſt donc de la plus mince conſidération pour une grande nation agricole. A la bonne heure que Geneve, qui n'a point de territoire, regarde ces travaux comme une reſſource, & nourriſſe ſes citoyens dans une boutique d'horlogerie : que la Hollande qui a un territoire inſuffiſant, occupe ſes habitants

reſte moins pour le produit net.

21.° La valeur qui influe ſi con-

---

tants au commerce de revendeur & au voiturage, & devienne une étape & un comptoir: il faut bien que les nations qui manquent de ſubſiſtance, ſe mettent au ſervice des nations qui tirent de la terre de quoi payer leurs travaux.

7.° Je ne prétends pas que le gouvernement d'une nation agricole doive interdire à ſes ſujets le ſervice des étrangers. A Dieu ne plaiſe que je prêche jamais autre choſe que *liberté*, *propriété* & *ſûreté*. Mais je dis qu'en laiſſant chacun parfaitement libre dans l'emploi de ſon induſtrie & de ſes richeſſes, il ne doit pas établir une reſſource dans ſes moyens précaires de ſubſiſtance : je dis que pour multiplier chez lui la main-d'œuvre & le voiturage, il ne doit jamais privilégier ſes ſujets, & repouſſer le ſervice des étrangers dans quelque genre que ce ſoit, en Europe ou dans ſes Colonies, ſoit par des impôts, ſoit par des excluſions; parce que s'il parvient par cette opération à augmenter le bénéfice des

ſidérablement ſur *le revenu*, eſt *la valeur en premiere main*, déci-

---

entrepreneurs domiciliés chez lui, ce ne peut être qu'à ſon détriment : ils profiteront de l'excluſion, pour faire payer plus cher leurs ſervices. D'ailleurs il donne par-là un exemple funeſte ; les autres nations ne manqueront pas d'uſer de repréſailles, & en fait de repréſailles on reçoit ſouvent plus de mal qu'on n'en a fait ; une chiquenaude attire un coup de poing. Vous excluez les draps étrangers, & l'on prohibe vos vins : quelle énorme différence ! c'eſt perdre mille pour gagner un. Une nation agricole ne doit donc s'attendre qu'à ſon territoire, & ne s'occuper que des moyens de multiplier ſes productions, & de leur procurer une bonne valeur par le moyen de la concurrence libre. Qu'elle ne s'inquiete point du commerce & de l'induſtrie ; ces travaux s'animent & s'étendent en raiſon de la maſſe des productions, & de l'aiſance générale qui en réſulte ; & il vaut mieux trouver chez ſoi beaucoup d'occupations & de ſalaires, que de courir en chercher bien loin. Une

dée par toutes les cauſes naturelles & phyſiques qui la déter-

---

nation qui, tandis qu'une grande partie du peuple manque du néceſſaire & vit dans la détreſſe, ambitionne les travaux de main-d'œuvre pour l'étranger, reſſemble à ces pauvres cordonniers qui chauſſent les autres & qui vont nus pieds.

9.° Le plus grand avantage des ouvrages de main-d'œuvre dans le commerce étranger, conſiſte en ce que contenant une plus grande valeur ſous un moindre volume, ils tendent à épargner les frais de tranſport, & préſentent une facilité de commerce. C'eſt par cet endroit, bien plutôt que par le bénéfice qu'ils procurent à leurs agents, qu'ils ſont utiles. Mais ſi au lieu de conſidérer ce commerce d'induſtrie ſous ce point de vue, on le recherche pour lui-même; ſi au lieu de l'enviſager comme pouvant contribuer à ſoutenir la valeur des productions, comme une branche de la liberté du commerce extérieur, dont il eſt eſſentiel de jouir en toute circonſtance & ſans exception, on l'ambitionne relativement

ainent dans l'état d'un commerce parfaitement *libre*, c'est-à-dire

---

au bénéfice de la main-d'œuvre & du trafic ; si pour obtenir la préférence, & multiplier ces travaux, on fait tomber la valeur des productions *en premiere main* par des gênes & des prohibitions, comme on n'a que trop fait dans le siecle dernier ; alors on sacrifie par la plus terrible méprise les travaux productifs aux travaux stériles, tout à rien, & le profit mercantil à la richesse nationale.

10.° Ce sont principalement les ouvrages de luxe qui sont dans le cas d'être recherchés par l'étranger, & leur matiere se tire, pour la plus grande partie, du dehors ; par conséquent leur fabrication ne contribue à soutenir la valeur des productions que par la consommation des ouvriers ; ce qui retranche bien la moitié de leur utilité à cet égard. Mais en multipliant ces ouvrages dans une nation, on l'accoutume à s'en servir, & l'habitude devient une nécessité. Or quel préjudice ne porte pas à la culture, à la multiplication & à la valeur des productions nationales l'usage

dont le gouvernement ne se mêle que pour en restreindre, autant

---

répandu, même dans une partie du peuple des villes, des étoffes de laine d'Espagne, de soie & de coton, toutes matieres étrangeres ? Le bénéfice que peut procurer la vente à l'étranger, d'une partie de ces étoffes, peut-il compenser la millieme partie du tort causé par ce déplacement des dépenses ? Ces belles manufactures, en tournant la consommation du côté du luxe, n'ont pu s'élever que sur les ruines d'un nombre de manufactures moins brillantes, mais qui employoient des matieres du pays, & qui travailloient pour le peuple, dont l'appauvrissement a resserré la consommation. Oh le beau calcul, & qu'il est propre à multiplier les hôpitaux ! Que Sully avoit bien raison de s'opposer si fortement à l'établissement des manufactures de soie !

11.° Tâchons donc de ne nous pas laisser éblouir par des sophismes, & de ne pas prendre le change sur la nature des choses. Les travaux du commerce & de l'industrie sont

qu'il eſt poſſible, les frais indiſpenſables par la facilité des com-

---

néceſſaires, mais ils ſont diſpendieux : ils ne donnent pas par eux-mêmes le remplacement de leur dépenſe, qui ne peut être payée que par les fruits du travail productif. Ne cherchons donc pas un accroiſſement de richeſſes dans ce qui ne peut être qu'un emploi de richeſſes. Laiſſons l'induſtrie travailler pour l'étranger ſi elle en trouve l'occaſion, mais n'allons pas fonder là-deſſus une reſſource pour la nation, & ſoyons perſuadés que quatre millions employés en avances de bonne culture ſont plus utiles à la nation que cent millions de capitaux employés à l'induſtrie pour l'étranger. Accordons à tous les entrepreneurs de ces travaux protection & liberté; mais gardons-nous d'en privilégier aucun, car ce ſeroit les privilégier contre l'intérêt de la nation.

Le moyen de tirer des travaux de préparation une utilité plus réelle que celle qu'on a prétendu y trouver, ſeroit de les lier à la culture, & de faire enſorte, par des moyens

munications & des débouchés. L'espece de valeur que les tra-

---

doux & éloignés de la contrainte, de porter dans les campagnes les travaux préparatoires, tels que les filages. Le peuple cultivateur, & sur-tout les femmes, y trouveroient une ressource bien avantageuse, un supplément de subsistance & une aisance dont la culture même se ressentiroit : il n'en feroit pas son capital, il ne négligeroit pas pour cela les travaux de la terre & des récoltes ; mais il y emploieroit des saisons d'inaction & les longues soirées de l'hiver.

On a précisément fait le contraire. On a établi ces travaux dans les villes, on les a forcés de s'y concentrer par l'érection des maîtrises & communautés. Ces travaux accumulent dans les villes une population qui n'a pour vivre que cette ressource précaire ; & lorsque cette ressource diminue, comme il arrive nécessairement dans les années fâcheuses où la consommation se resserre, ces gens-là se trouvent dans la plus grande misère, & tombent à la charité des paroisses.

vaux subséquents paroissent ajouter aux productions, n'augmente point le produit net; car cette valeur, loin de contribuer à la formation du revenu, est au contraire une déduction ou une charge du revenu, suivant que la dépense de ces travaux est payée par les cultivateurs ou par les propriétaires. Il en est de la valeur en premiere main comme des productions : de même que les travaux subséquents n'ajoutent rien au matériel des productions, de même ils n'ajoutent rien à leur valeur réelle & propre, relativement à la somme des richesses annuellement renaissantes, dans le calcul desquelles on ne peut faire entrer que par un double &

triple emploi l'accrûe de valeur que les productions semblent acquérir, en passant par les mains des agents du commerce & de l'industrie. Car cette valeur n'est qu'une valeur *purement en frais*, c'est-à-dire qui ne consiste que dans le montant des frais de préparation ou de transport, & des rétributions gagnées par les agents de ces travaux ; & ces frais ne peuvent être payés que par la production estimée à la vente en premiere main. Ce seroit donc le plus faux des calculs que de dire : La reproduction annuelle, déduction faite des semences & de la nourriture des animaux, vaut deux milliarts en premiere main : les travaux subséquents du commerce

& de l'induſtrie y paroiſſent ajouter cinq cents millions ; donc ils ont accrû de cinq cents millions la ſomme des richeſſes de la nation. Car il en a coûté cinq cents millions pour obtenir cette prétendue valeur ; partant il n'exiſte toujours que deux milliarts de richeſſes [5].

---

[5] Il n'eſt point étonnant que les partiſans de la productibilité des travaux du commerce & de l'induſtrie, confondent la valeur des productions en premiere main avec la nouvelle valeur qu'elles acquierent dans les mains des ouvriers.

Mais de même qu'il ſe trouve une différence phyſique entre le travail qui donne l'exiſtence aux productions, & celui qui leur donne enſuite la forme ; il s'en trouve auſſi une néceſſaire entre la valeur qu'elles ont par elles-mêmes, & celle qu'elles obtiennent par le ſecond travail.

22.° Puiſque tout ſe réduit à la reproduction eſtimée à la vente

---

La valeur d'une choſe eſt fondée ſur ſa propriété uſuelle ; mais il faut en même temps que cette choſe ait un certain degré de rareté, & qu'elle ne ſoit pas tellement commune que tout le monde puiſſe en avoir ſans frais. L'eau, quoique très-néceſſaire, n'eſt d'aucune valeur, parce qu'elle ſe trouve par-tout, & qu'il n'en coûte rien pour ſe la procurer : & la valeur qu'elle peut obtenir par le tranſport, n'eſt pas une valeur à elle ; ce n'eſt qu'une valeur de frais de voiture.

La valeur d'une production conſiſte dans le rapport d'échange qui ſe trouve entre telle meſure de cette production, & telle meſure des autres. Il n'eſt point du tout exact de dire que c'eſt le rapport qui exiſte entre une production & le beſoin qu'on en a : car ſi la raiſon du beſoin étoit déterminante de la valeur, les choſes les plus néceſſaires ſeroient les plus cheres ; & c'eſt le contraire qui arrive, parce que plus le débit d'une denrée eſt aſſurée en raiſon du beſoin, plus

en premiere main, hors de laquelle tout le reſte n'eſt plus que ſimple

---

on s'efforce de la multiplier. Les cauſes de la valeur ſont ſa rareté ou ſon abondance combinée avec la quantité des gens qui la demandent & qui l'offrent. Souvent il arrive qu'une denrée eſt rare, & n'eſt pas chere en raiſon de ſa rareté, parce que la faculté de payer manque, & que la conſommation ſe reſſerre : la faculté de payer influe donc beaucoup ſur la valeur. Je reviendrai ſur ces vérités, dans des obſervations placées à la fin de l'ouvrage ſuivant.

Le *prix* eſt l'expreſſion en argent de la valeur : il eſt *vrai*, quand il n'eſt que le réſultat des différentes cauſes phyſiques qui doivent le déterminer dans l'état de liberté entiere : il ceſſe de l'être, quand des cauſes étrangeres y influent à l'effet de l'exagérer ou de le réduire : & tel eſt l'effet d'un impôt mis ſur une production, & d'une prohibition de commerce.

Dans le prix d'un ouvrage de main-d'œuvre il faut néceſſairement diſtinguer deux valeurs ; celle

ſimple circulation & partage de fruits ; le grand & unique objet

---

celle de la matiere premiere, & celle de fabrication & de commerce. Ces deux valeurs produiſent-elles le même effet, relativement à la richeſſe nationale ? contribuent-elles à l'accroiſſement du produit net, qui eſt le grand objet à conſidérer dans toute diſcuſſion économique ?

On dit, pour s'autoriſer à les confondre ; *que le chanvre comme chanvre n'eſt d'aucune valeur par lui-même, parce qu'il n'eſt d'aucun uſage ; que comme ſa valeur eſt fondée ſur ſa propriété uſuelle, & qu'il ne l'obtient que par la préparation, c'eſt proprement par la préparation qu'il obtient ſa valeur ; & que celle qu'il peut avoir avant, eſt plutôt une aptitude à en acquérir une.* (S'il en eſt ainſi, il faut dire qu'une piece de drap n'a point encore proprement de valeur, mais ſeulement une aptitude à en avoir une ; car on ne peut pas s'habiller avec une piece de drap, ſi elle n'eſt convertie en habit par le tailleur. Ce qu'il y a de ſingulier, c'eſt que ſi je veux revendre

dont il faille s'occuper, eſt que la reproduction ſoit la plus abon-

---

le lendemain cet habit qui a acquis toute ſa valeur par le travail du tailleur, je perdrai non-ſeulement la façon entiere, mais même une partie de la valeur de l'étoffe). On en conclut *qu'il n'y a point à diſtinguer dans la valeur, ni dans les divers moyens, par leſquels le chanvre doit être conduit du ſein de la terre à ſon dernier état; que tous ces frais quelconques ſont du même genre; & que ſi la piece de toile vaut cent livres dans ſon état de perfection, la richeſſe nationale eſt accrue de cent livres.*

Mais ce n'eſt là qu'un ſophiſme. Ce n'eſt ſans doute que par les diverſes préparations, que la production ſera appropriée à nos beſoins : mais elle eſt par elle même *la ſubſtance* qui doit recevoir cette préparation, & le fonds auquel cette forme, qui n'eſt pas un être exiſtant par lui même, doit s'appliquer.

Cette forme ne s'obtiént que par des frais. Ces frais n'ajoutent rien à *la ſubſtance*; ils ne ſont que le rembourſement de la con-

dante possible, & qu'elle parvienne à la plus grande valeur

---

sommation de l'ouvrier ; & s'il y a un bénéfice au-delà, ce bénéfice, ainsi que la consommation de l'ouvrier, ne naît pas du travail ni du fonds sur lequel s'exerce le travail, car ni l'un ni l'autre ne sont productifs : La valeur de cette dépense n'est donc qu'une valeur en frais, réunie sur le chanvre fabriqué, & payable par celui qui voudra jouir de ce travail. Loin d'ajouter à la richesse nationale décidée par la somme de la reproduction, elle n'est qu'un emploi de cette richesse : & elle ne nous enrichit pas plus que les services de nos domestiques que nous nourrissons & que nous payons : cela est ce semble évident.

Mais il n'en est pas de même de la valeur des productions en premiere main : c'est elle qui décide de la richesse nationale & du revenu. Si la partie de la reproduction qui entre dans le commerce (car celle que les cultivateurs consomment directement, n'influe pas sur la valeur), vaut deux milliarts ; voilà le prix de la reproduction fixé ; il n'y

possible : car tout va bien sans que personne s'en mêle, lors-

---

a plus rien à y ajouter : & le produit net qui est la part du Souverain, des propriétaires, & de tous ceux qui doivent vivre sur leur dépense, est déterminé par cette valeur en premiere main.

L'industrie ensuite reçoit une portion des productions, & leur donne par son travail une valeur de cinq cents millions. Cette accrue ne pourroit être ajoutée aux deux milliarts que par un double emploi manifeste; car elle coûte l'emploi d'une portion des deux milliarts. Un homme qui après avoir reçu son revenu en nature, le vend moyennant dix mille livres, & en dépense cinq en travaux de main-d'œuvre, ne se croira pas riche de quinze mille livres.

Mais, dit-on, *la culture exige aussi des frais : à cet égard elle est au pair avec la fabrication; ces frais sont du même genre ; ils consistent en consommation.* Sans doute la culture exige des frais, mais c'est la terre qui les paye ; ils ne coûtent rien à personne; ils sont un don de la nature ; ils sont la

que ces deux points capitaux sont remplis [6].

---

part des cultivateurs, qui n'en ont d'obligation à qui que ce soit : cette différence est essentielle. Cependant comme toute entreprise tend au produit net, & que les propriétaires n'ont d'autre intérêt que de l'accroître, il est bon en tout genre de tendre à la diminution des frais; l'épargne sur ceux de culture laisse plus de produit net, libre & disponible; celle sur les frais de fabrication & de commerce, diminuant la dépense dans un genre, permet aux propriétaires d'étendre leur jouissance, si ce sont eux qui les payent; & tend à l'accroissement du revenu en tant qu'ils portent sur les cultivateurs, ou qu'ils influent sur la valeur en premiere main. Les débouchés, les canaux, les chemins ne sont si utiles, que parce qu'ils diminuent les frais de transport & de commerce, & contribuent à augmenter la valeur en premiere main, & conséquemment le revenu.

[6] Il y a tant de gens ignorants ou mal intentionnés qui accusent les écrivains éco-

23.° Pour obtenir la fin, il faut pratiquer les moyens, & ces moyens sont bien simples. Car pour parvenir à ce but, qui doit être le terme de toute administration éclairée, le gouvernement n'a autre chose à faire que de protéger contre toute invasion la propriété mobiliaire & fonciere; de laisser libre l'emploi des hommes & des richesses, de n'apporter aucun obstacle aux échanges, de permettre aux productions

---

nomistes, d'entendre par là plus grande valeur possible, une valeur démesurée & un prix de cherté, qu'ils ne peuvent trop prévenir, qu'ils n'ont jamais entendu par ces termes, *que le prix naturel qu'obtient chaque production dans un Etat parfait de liberté & de pleine concurrence.*

d'atteindre à toute leur valeur naturelle, & d'assurer sur-tout l'immunité des richesses d'exploitation, ce dépôt précieux qui est l'instrument indispensable de la reproduction, & qui répond à la nation entiere de la perpétuité de sa subsistance & de la renaissance des richesses : ou, pour le dire en deux mots, le gouvernement n'a autre chose à faire que de s'appliquer à ne point contredire *les loix de l'ordre naturel* : car ce sont elles qui doivent gouverner, & les hommes ne peuvent bien administrer qu'autant qu'ils les étudient pour s'y conformer.

24.° C'est sur-tout dans la matiere de l'impôt, qui a une si grande influence ſur toute l'économie d'une nation, qu'il eſt bien important de ne pas s'écarter des loix phyſiques de l'ordre naturel. Car ſi l'abondance & la valeur des productions décident de la ſomme des richeſſes, il eſt évident que l'impôt, pour être régulier, doit être aſſis de maniere qu'il ne nuiſe ni à l'un ni à l'autre.

25.° La queſtion de l'impôt ſur laquelle tous les gouvernements ont tellement varié, qu'on la croiroit dénuée de tout principe, & abandonnée au haſard, ſe trouve invariablement décidée, dès que l'on eſt bien convaincu de ces vérités phyſiques, *que la terre eſt la ſource unique de toutes les richeſſes, que le travail de la culture eſt le ſeul productif, que ce travail ne peut s'exécuter ſans dépenſe, & que le ſuccès du travail & la fécondité de la terre dépendent de l'état des avances.*

26.° L'entretien de la ſociété au dedans & au dehors exige une dépenſe. L'impôt eſt donc deſtiné à une dépenſe : & comme il n'y a qu'une ſource commune de toutes les dépenſes, l'impôt ne peut être qu'une portion des fruits de la terre, deſtinée & employée à la dépenſe publique.

27.° La reproduction ſe partageant en deux parts, dont l'une ne peut être divertie de ſon emploi à la terre, ſous peine de ſupprimer la reproduction qui doit en réſulter, & l'autre eſt libre &

disponible, il est évident que l'impôt ne doit être pris que sur la seconde portion.

28.° Et comme le produit net de la culture, qui est la seule partie disponible de la reproduction, appartient de droit aux propriétaires, c'est d'eux que le Souverain doit recevoir la portion nécessaire à l'entretien de la chose publique. L'impôt ne doit donc point être exigé des cultivateurs, ils ne lui doivent rien par la nature de leurs richesses, & il y a trop de danger de s'adresser à eux. Il ne doit pas non plus être levé en nature sur le produit total comme l'est la dîme, parce qu'outre les inconvénients de détail & les frais qu'entraîneroit cette perception, il feroit très-difficile de donner à l'impôt une proportion fixe & certaine avec les frais de culture & le produit net.

29.° *Il n'y a donc d'impôt régulier que l'impôt unique aſſis directement ſur le produit net de la culture & exigé des propriétaires.*

30.° Tout autre impôt eſt irrégulier; car il eſt hors de ſa baſe naturelle. On l'appelle *indirect*, parce que quelque circuit qu'il prenne, il retombe définitivement ſur le propriétaire, & cela de deux manieres, *tant en diminution de revenu qu'en augmentation de dépenſe.*

31.° L'impôt indirect retombe ſur le propriétaire en diminution de revenu, en tant que les ſommes que paie l'entrepreneur de la culture, ſoit en impôts perſonnels, ſoit en droits ſur les conſommations, & celles que paient tous ſes ſalariés quelconques, l'obligent d'augmenter ſes repriſes, au préjudice du produit net qu'il pourroit payer ſi toutes ſes dépenſes étoient immunes. Sur une reproduction de 5000 liv. par exemple, il n'auroit repris que 3000 liv. ; l'impôt qu'il paie de toute part & ſans même s'en appercevoir, le force de prélever 1000 liv. de plus.

32.° L'impôt indirect retombe ſur le propriétaire en augmentation de dépenſe, en tant qu'il ne reçoit ſon revenu que pour le dépenſer. Or l'impôt qui porte ſur toute la classe salariée, qui ne doit rien puisqu'elle ne vit que de ce qu'elle gagne au service des deux autres, la force d'exiger de plus forts salaires, qui la puissent mettre en état de satisfaire à l'impôt qu'on l'oblige d'avancer. La dépense du revenu se trouve donc renchérie de toute part, tant dans la dépense personnelle du propriétaire que dans celle qu'il fait à la classe salariée; c'est-à-dire qu'avec 3000 liv. de revenu, il ne peut remplir que l'étendue de besoins qu'il satisferoit avec 2500 liv. par exemple, si toutes les dépenses étoient immunes, & que tous les prix fussent à leur taux naturel.

33.° Le Souverain qui ne reçoit l'impôt que pour l'employer, éprouve de même ſur toute la dépenſe du revenu public, le renchériſſement que l'impôt indirect néceſſite ſur toutes les dépenſes : il en ſupporte ſa part ; & cette ſurcharge qui rend inſuffiſante la ſomme qui pourroit ſuffire ſi les dépenſes étoient immunes, réduit à la néceſſité d'exiger un impôt plus conſidérable. C'eſt un effet indiſpenſable de l'impôt indirect, auquel on ne fait pas aſſez d'attention.

34.° Le propriétaire ne gagne donc rien à cette forme d'impoſition. En vain a-t-il cru ſe décharger d'une partie de l'impôt, en le partageant avec les deux autres claſſes, puiſqu'il retombe ſur lui tôt ou tard.

Mais il y a plus, non ſeulement il n'y gagne rien, il y perd infiniment au contraire ; & cette forme vicieuſe d'impoſition eſt la véritable cauſe de la dégradation de la culture, de l'anéantiſſement du produit net, & de l'épuiſement du revenu public ; qui d'une part eſt notoirement inſuffiſant pour les charges ; & de l'autre, impoſſible à augmenter dans l'état actuel. En effet :

35.° L'impôt direct eſt auſſi ſimple dans ſa perception que dans ſon aſſiette ; il peut ſe lever ſans frais. L'impôt ſur les conſommations qui forme une grande partie de l'impôt indirect, ne peut ſe percevoir qu'avec des frais qui vont ſouvent au double de la ſomme perçue par le Souverain, & il donne lieu à de grands profits intermédiaires. La différence de l'impôt brut à l'impôt net, devient une ſurcharge qui ne tourne aucunement au profit de l'état, & qui force de lever le double pour avoir le ſimple.

36.° La quotité du revenu dépend non ſeulement de la quantité des productions, mais auſſi de leur valeur, comme je l'ai déjà dit. Or, l'impôt ſur les conſommations porte à la valeur un préjudice ſenſible, & infiniment plus conſidérable que ne peut être la ſomme qu'il procure au Souverain. L'impôt ſur une production ſe partage ordinairement entre le vendeur qui reçoit moins en premiere main, & le consommateur qui paie plus cher, & qui dès-lors consomme moins en ce genre ou en d'autres ; mais en restreignant la consommation, il rejaillit encore sur la valeur & la diminue. D'ailleurs toutes les productions du même genre ne paient pas l'impôt ; & celles même qui ne le supportent pas, éprouvent toute la perte qu'il cause sur la valeur de celles qui le paient, & cela par l'effet nécessaire du niveau des prix. Dans les provinces qui ont Paris pour débouché, tout le vin qui se consomme sur les lieux, ne paie pas l'impôt ; il éprouve cependant en diminution de valeur premiere tout l'effet de l'impôt ; car il n'y a pas dans le même endroit deux prix en premiere main [7].

---

[7] Non seulement l'impôt des aides porte un grand préjudice à la valeur en premiere main, & par conséquent au revenu; mais il s'oppose à la production de la denrée.

Voici, ce semble, quel seroit l'effet de sa suppression. Le bénéfice se partageroit d'abord entre le vendeur en premiere main qui vendroit plus cher, & le consommateur qui acheteroit moins : mais la consommation devenant moins chere augmenteroit, parce que bien des gens ne demanderoient pas mieux que de boire du vin, & en sont empêchés en tout ou en partie par l'impôt. L'accrue de la consommation tourneroit encore au profit des vendeurs. Mais ce grand bénéfice qu'y trouveroit d'abord le propriétaire de la vigne diminueroit bientôt, parce qu'il exciteroit puissamment à planter, & que la production multipliée baisseroit de valeur.

L'effet propre & principal de cet impôt est donc d'empêcher la plantation d'une infinité de milliers d'arpents, de priver le

37.° L'impôt indirect éprouve des augmentations continuelles & successives ; parce que moins

---

royaume de dix fois & quinze fois plus de richesses, qu'il ne donne de revenu au Roi, & d'éteindre la population qui vivroit tant sur les frais que sur le produit net de cette culture doublée. Le calcul de cette perte seroit immense, si l'on pouvoit l'établir.

Il n'est point à craindre que la culture de la vigne se multipliât trop au préjudice des autres, & en particulier de celle des grains ; 1.° parce que la vigne réussit dans une infinité de sables, de côteaux & de mauvais terreins, qui ne sont pas propres aux grains, qui rendent à peine leurs frais, & qui sont en friche : 2.° parce que la balance s'établit d'elle-même entre les différentes productions, & que le calcul de l'intérêt particulier enseigne à chacun le meilleur emploi de son héritage, sans qu'il soit besoin que l'administration s'en mêle : une loi sur cet objet ne peut que blesser en même temps la propriété, & l'intérêt de la reproduction.

il rend, plus les besoins obligent de le forcer ; & que plus on le force, moins il rend, attendu qu'il détruit de plus en plus les avances de la culture & la valeur des productions.

38.° Il faut considérer l'effet de l'augmentation de l'impôt sur la culture affermée, & sur la culture à moitié. Dans la culture affermée, ces augmentations survenant pendant le cours des baux, ne peuvent se placer que sur les reprises de la culture, parce que le cultivateur lié par un engagement, ne peut en faire déduction sur le revenu, qu'en renouvellant son bail. Il a fait entrer dans ses reprises les impôts qui avoient lieu lorsqu'il a traité avec le propriétaire ; il n'a pu y faire entrer l'impôt inopiné, qui par conſéquent reſte à ſa charge. Cet impôt additionnel & *imprévu*, devient donc *ſpoliatif* des avances, & attaque la reproduction dans ſa ſource. Cet effet deſtructeur de l'impôt ſe fait plus ou moins ſentir ſuivant les circonſtances. Les fermiers médiocres & foibles qui compoſent le plus grand nombre, y ſont beaucoup plus expoſés que les bons fermiers, qui avec des avances primitives plus fortes, font toujours de meilleurs marchés, parce qu'ils tirent de la terre une plus forte reproduction.

39.° Dans la culture à moitié, qui eſt beaucoup plus étendue que la culture affermée, le cultivateur n'a jamais eu pour frayer aux avances annuelles que sa moitié. Borné à cette portion déterminée, il n'a pu augmenter ses reprises en raison de l'impôt ni le rejetter sur le propriétaire. L'impôt, dès son origine & depuis, a toujours porté sur ses avances, & les a peu-à-peu anéanties. Cet effet spoliatif de l'impôt a concouru avec les prohibitions de commerce à rendre cette culture aussi infructueuse qu'elle l'est aujourd'hui dans les provinces moins favorisées que d'autres pour les débouchés, & a converti en friches bien des terres autrefois cultivées [8].

---

[8] La différence entre la grande & la petite culture, ne consiste pas en ce que l'une

40.° L'impôt ſur les conſommations a tellement écraſé la pe-

---

emploie des chevaux, & l'autre des bœufs : il y a de très-bonnes cultures exécutées avec des bœufs ; cela dépend du local. Elle conſiſte en ce que la bonne culture s'exerce avec de fortes avances primitives, & que la petite en a très-peu. Par exemple, une bonne culture eſt celle dans laquelle les avances primitives ſont cinq fois plus fortes que les avances annuelles ; & une mauvaiſe eſt celle où les avances primitives ne ſeroient que le double. La différence des avances annuelles dans les deux cultures n'eſt pas à beaucoup près ſi conſidérable. Il faut autant de chartiers & d'animaux pour exécuter de mauvais labours, & même ſouvent plus. Il y a des cantons où l'on met ſur une charrue dix bœufs & deux hommes pour faire l'ouvrage qu'un homme & deux chevaux feroient beaucoup mieux. Quant aux beſtiaux, il faut preſque autant de domeſtiques pour en gouverner de mauvaiſe qualité & en moindre nombre, que de bons & plus nombreux.

tite culture dans bien des provinces du milieu du royaume, qu'on

---

Peut-être m'opposera-t-on qu'il y a des cultures à moitié qui sont très-productives. Cela peut se rencontrer dans des cantons qui sont très-favorisés par le débouché & la fécondité de la terre, & où il y a de fortes avances primitives. Peut-être aussi dans ces cantons la taille n'est-elle pas arbitraire, personnelle & variable? Mais ce que je dis ici de la culture à moitié s'applique à bien des provinces, au Maine, au Perche, à l'Anjou, à la Touraine, au Berry, au Limousin, &c.

On ne doit pas exiger de moi que je me livre à des discussions sur chaque article : on les trouve dans divers ouvrages, & ceci n'est qu'un résumé de principes. Si le lecteur veut s'instruire des avances & des produits de la bonne & de la mauvaise culture, par des exemples détaillés, tirés de différentes provinces, je le renvoie aux inventaires qui se trouvent dans les tomes 8, 9 & 10 des Ephémerides de 1767.

qu'on a été forcé de la ménager pour la taille, ſans quoi on auroit réduit ſes agents à s'expatrier. Il a fallu en la déchargeant, reporter ce vuide ſur la culture affermée. Ces rejets ont entretenu l'arbitraire & la variation de la taille, ont eu l'effet *ſpoliatif* de tout impôt *imprévu*, & ont entamé plus ou moins les avances au préjudice de la reproduction. C'eſt ainſi que tout ſe tient dans l'enſemble économique, que tous les intérêts ſont liés, & que la perte qui paroît particuliere devient commune.

41.° Comme la culture à moitié a plus ſouffert de l'impôt indirect que la culture affermée, par la raiſon contraire elle profitera davantage de la ſuppreſſion de cet impôt. Cette ſuppreſſion graduelle eſt le ſeul moyen de la rétablir. Le métayer continuera d'avoir ſa moitié ; mais cette moitié à laquelle ſe réunira le montant de l'impôt, lui formera une plus forte repriſe, qu'il convertira peu à peu en avances annuelles, & en acquiſition d'avances primitives ; de maniere qu'inſenſiblement un certain nombre de métayers ſe trouveront en état de former des entrepriſes de culture, & que la race ſi précieuſe des fermiers, qui a diſparu dans tant de provinces pour faire place à la chétive culture, s'étendra avec le temps & ſe multipliera.

42.° Le bon prix conſtant des

grains, ſoutenu par la liberté non interrompue du commerce intérieur & extérieur, contribuera ſans doute auſſi à ce changement. Mais la réforme de l'impôt produira un effet plus ſenſible ſur cette petite culture dénuée d'avances; parce qu'aujourd'hui elle vend peu de grains, & qu'elle eſt au contraire ſouvent réduite à vivre d'emprunt.

43.° La différence entre la bonne & la mauvaiſe culture, vient donc de l'état des avances, & principalement de celui des avances primitives. Ce ſont donc elles qu'il faut travailler à rétablir; & l'on ne peut y parvenir que par la réforme ſucceſſive de l'impôt; elle eſt le ſeul moyen par lequel le gouvernement puiſſe faire refluer les richeſſes dans les mains des cultivateurs. De même que la culture a été ruinée par l'effet ſpoliatif de l'impôt imprévu qui a entamé les avances annuelles, & a forcé d'épargner de plus en plus ſur le fonds des avances primitives : elle ſe rétablira de même par le bénéfice imprévu de la ſuppreſſion de l'impôt, qui ſera converti en avances par les cultivateurs. On trouvera dans le mémoire ſuivant la progreſſion de cette régénération.

Je ne m'étendrai pas davantage ſur la déduction de tous les effets fâcheux de l'impôt indirect. Je me réſerve de les démontrer par les faits dans le mémoire ſuivant.

Ce font ces effets de l'impôt indirect qui ont tellement abforbé le revenu *exiftant*, & anéanti dans fa fource le revenu *poffible*, que l'impôt direct ne rend prefque plus rien.

Mais d'un côté les portions de revenu enlevées de toutes parts par l'"impôt indirect, & fi fouvent fans aucun fruit pour l'état, exiftent & fe réuniront au revenu *apparent* à mefure de la fuppreffion des différents impôts ; de l'autre, le revenu s'accroîtra très-rapidement par le rétabliffement des avances. C'eft alors que le Souverain pourra jouir d'un revenu facile & fuffifant pour l'acquittement des charges & la libération de la dette.

C'eſt alors qu'il ne ſera plus réduit à recourir aux emprunts ni aux créations d'offices, expédients ruineux, plus fâcheux que l'impôt même, & dont les ſuites épuiſent le plus clair du revenu public, & deviennent une ſource indéfinie de nouveaux impôts.

C'eſt bien à tort qu'on s'imagine que le revenu public s'accroît tous les jours. S'il paroît recevoir quelques accroiſſements, d'un autre côté la portion qui eſt engagée au paiement des arrérages ſe groſſit tous les jours par les emprunts & les moyens extraordinaires, au préjudice de celle qui eſt vraiment deſtinée à la dépenſe publique, & qui ſe retrécit de plus en plus : & même il eſt vrai de dire que le revenu public eſt moindre aujourd'hui, proportion gardée & relativement à l'étendue du royaume, qu'il n'étoit dans des temps plus reculés.

Sous Louis XI la taille étoit de *quatre millions ſept cents mille livres*. Mais la valeur numéraire du marc d'argent étoit à *dix livres*, c'eſt-à-dire à peu près comme *deux eſt à onze* de ce qu'elle eſt aujourd'hui. Les *quatre millions ſept cents mille livres* donnoient *quatre cents ſoixante-dix mille marcs d'argent*. Cette ſomme ramenée d'abord à notre numéraire actuel feroit *vingt-ſix millions*. Mais il faut aller plus loin, & évaluer enſuite la valeur réelle ou d'échange de l'argent avec les denrées. Le marc d'argent valoit *deux cents ſols tournois*. Le ſeptier de bled meſure de Paris valoit *treize ſols tournois*, ou la *quinzieme partie* d'un marc d'argent ; ce qui pour *quatre cents ſoixante-dix mille marcs* donne *ſept millions cinquante mille ſeptiers* [9]. Aujourd'hui les tailles, capitations & annexes ſont à *ſoixante-quinze millions* ; le marc d'argent eſt à *cinquante-quatre livres* ; ce qui

[9] Le rapport de la valeur du ſeptier de bled au marc d'argent, n'a rien de fixe par lui-même : il dépend de la quantité de métal qui ſe trouve en circulation. Sous Louis XI l'argent étoit fort rare, & par conſéquent fort cher : on n'avoit pour un ſeptier de bled que la quinzieme partie d'un marc d'argent. Sous Charlemagne il étoit beaucoup plus commun, car le ſeptier ſe ven-

pour *ſoixante - quinze millions* donne *un million trois cents quatre-vingt-huit mille huit cents quatre-vingt-huit marcs d'argent.* Mais le ſeptier vaut *dix - huit livres ;* on n'en a que trois pour un marc. Ainſi les *ſoixante-quinze millions* ne valent que *quatre millions cent ſoixante-ſix mille ſix cents ſoixante-quatre ſeptiers ;* tandis que les *quatre millions ſept cents mille livres* de Louis XI valoient *ſept millions cinquante mille ſeptiers.* Ainſi la valeur d'échange des quatre millions ſept cents mille livres

---

doit le tiers d'un marc d'argent. La rareté poſtérieure de l'argent peut venir des Croiſades, qui en ont beaucoup fait ſortir de l'Europe, & des guerres civiles, qui ont porté bien des gens à le cacher & à l'enterrer.

de Louis XI équivaudroit à plus de cent vingt-cinq millions d'aujourd'hui.

Il paroît que l'impôt territorial n'etoit alors qu'environ un dixieme du revenu. L'impôt étoit fourni sans entremise des fermes générales ; car à la réserve d'un droit de douze deniers par minot de sel, *qui étoit marchand alors*, les denrées & marchandises n'étoient point chargées d'impositions : & il faut bien remarquer que sous Louis XI il n'y avoit gueres que les *deux tiers* des provinces de la domination actuelle du Roi qui fussent réunies immédiatement à la Couronne. L'impôt du dixieme sur les deux tiers du royaume donnoit *cent vingt-*

cinq millions de notre monnoie actuelle combinée avec la valeur d'échange de l'argent : le même impôt du dixieme ſur l'étendue actuelle du royaume devroit donc donner aujourd'hui *cent quatre-vingt-ſix* ou *cent quatre-vingt-ſept millions.* Mais on leve infiniment plus que le dixieme par tous les impôts réunis, ſans que l'Etat en ſoit plus riche, parce que d'une part une grande partie de ce qui ſe leve eſt diſſipé en frais & en pure perte pour lui, & de l'autre que la moitié de ce qu'il touche réellement eſt abſorbée par le paiement des arrérages & des charges extraordinaires qui ſont abſolument étrangeres à la vraie dépenſe de l'Etat, & que le défordre de l'impôt, qui a toujours été en croiffant, n'a ceffé & ne ceffera de multiplier.

Plus on approfondit cette matiere, plus on reconnoît qu'en fait d'impôts indirects, & fur-tout d'impôts fur les confommations, on ne double pas la recette en doublant l'impôt. Car ces impôts fe dévorent eux-mêmes ; ils font affis fur la confommation, & ils détruifent la faculté de confommer en dégradant de plus en plus la valeur des productions & les avances de la culture. Semblables aux fept vaches maigres que Pharaon vit en fonge & qui dévorerent les fept vaches graffes, fans en être elles-mêmes plus graffes ; ces impôts, en épuifant le revenu, abſorbent & réduiſent à rien l'impôt direct qui devroit être ſi conſidérable ſur un territoire auſſi fertile & auſſi étendu, & qui ne fournit plus qu'une foible reſſource.

Quelle peut être la cauſe de cet anéantiſſement de richeſſes qui rejaillit ſi fortement ſur le revenu du Souverain ? N'eſt-ce pas la nature même des impôts indirects ? Problême intéreſſant qui devient de jour en jour plus utile à réſoudre.

Si les taxes miſes ſur les conſommations ne rapportent au Roi dans la réalité qu'une partie de l'argent qu'elles paroiſſent lui produire ; ſi elles coûtent à la nation en dépenſe effective plus du double du revenu, tant réel qu'effectif, que le Prince paroît en recevoir ; si elles anéantissent chaque année beaucoup plus encore de richesses territoriales qu'elles ne coûtent directement à la nation : il en résultera qu'elles sont une des causes les plus efficaces de l'appauvrissement [10] ; & que comme

---

[10] Si l'on demandoit quelles peuvent être les autres causes de dégradation & d'appauvrissement, il seroit facile de répondre en peu de mots que ce sont tous les autres impôts indirects quels qu'ils soient, & plus ou moins suivant leur nature (& tous les impôts sont indirects sauf le dixieme) ; que c'est en particulier l'arbitraire & la variation de la taille & de ses annexes, qui mettent continuellement en prise les avances de la culture, qui détournent les richesses de cet emploi si utile, en les privant de la sûreté dont elles doivent jouir, qui éteignent l'acti-

cette cauſe ne ceſſera d'agir tant qu'elle ſubſiſtera, le rétabliſſement

---

vité & l'induſtrie dans les campagnes, qui reſtreignent la conſommation par la crainte d'annoncer l'aiſance & d'en être puni, &c. On pourroit dire que ce ſont toutes les autres charges indirectes quelles qu'elles ſoient, *telles que les Corvées & les Milices*, qui coûtent infiniment plus à la nation qu'elles ne procurent de reſſources à l'état. On pourroit dire que ce ſont toutes les prohibitions de commerce, privileges, excluſions, gênes, formalités, police des eaux & forêts, des amirautés, des arts & métiers, &c. qui nuiſent plus ou moins en pure perte, & ſouvent même avec des frais très-conſidérables pour l'Etat, à la valeur des productions, à la liberté des échanges & du travail, & qui renchériſſent les ouvrages & les ſervices. Il faut dire, en un mot, que c'eſt tout ce qui eſt contraire à la grande loi de la *liberté perſonnelle, & de la propriété mobiliaire & fonciere :* loi univerſelle qui ne ſouffre aucune exception, & dont toutes les autres ne doi-

de la prospérité publique ne peut s'opérer que par sa suppression.

C'est ce que je me propose d'examiner, par rapport à deux impôts en particulier, *la Gabelle & le Tabac.* Si je prouve que ces deux impôts, qui paroissent rapporter au Roi cinquante-sept millions, ne lui valent pas plus de quarante millions & demi *effectifs*, tandis qu'ils coûtent à la nation cent trente-quatre millions de dépense annuelle *très-effective*, & qu'ils ont de longue main anéanti

---

vent être que des corollaires; loi fondamentale de la société, & de l'autorité qui la gouverne, & qui n'est érigée que pour le maintien des propriétés; loi dont l'observation, dans toute son étendue, peut seule conduire la société au plus haut point de bonheur possible.

& continuent de tenir dans le néant, chaque année, une ſomme beaucoup plus conſidérable, tant en deſtruction directe de production & de valeur, que par l'effet indirect de la ſpoliation ancienne & graduelle des richeſſes de la culture, qui rendues à la terre par la ſuppreſſion de ces deux impôts, formeroient une progreſſion rapide de régénération ; j'aurai, je crois, réſolu le problême d'une maniere bien frappante. Il eſt d'autant plus important de le réſoudre, que perſonne juſqu'ici n'a conſidéré les impôts ſur les conſommations dans tous leurs effets & dans tous leurs rapports, & que ce Mémoire pourra ſervir d'exemple pour évaluer ce que coûtent au Roi & à la nation les autres impôts du même genre.

Les effets de l'impôt indirect en général, sont si variés & si multipliés, qu'on ne peut les examiner que par partie. Ils se réunissent tous pour détruire & absorber le revenu, dont la quotité est la mesure des forces & de la puissance d'une nation. Mais ils agissent sur lui de tant de manieres différentes, que cet effet commun est le résultat d'une infinité d'effets particuliers très-compliqués, & très-difficiles à démêler. Il est bon d'en donner une idée générale, en considérant en peu de mots les différents rapports sous lesquels ils agissent dans une hypothese donnée. Celle que je vais présenter, ne s'écarte peut-être pas beaucoup de l'état actuel.

Je suppose que la reproduction annuelle du royaume est de trois milliarts, en ajoutant au produit des différentes cultures celui de la pêche, du gibier, des mines, & des carrieres. Estimons ces derniers articles à deux cents millions; ils ne sont gueres que rembourser leur dépense, & donnent peu de produit net. Reste deux milliarts huit cents millions, sur lesquels il faut prélever les avances annuelles de la culture, & l'intérêt des avances primitives.

Plus la culture est soutenue & exécutée avec de fortes avances primitives, plus les avances annuelles donnent de produit net,

Je ſuppoſe les avances primitives de quatre milliarts; elles devroient être bien plus conſidérables dans un royaume tel que la France, & ſi elles pouvoient doubler, les avances annuelles ſans être beaucoup plus fortes donneroient beaucoup plus de revenu. Elles donneroient, par exemple, cent pour cent de leur montant, & il s'en faut bien qu'elles le donnent aujourd'hui: elles fourniroient en outre l'intérêt des avances à dix pour cent, elles ne le donnent gueres qu'à cinq pour cent. Car ſi la bonne culture les retire à dix pour cent, la mauvaiſe n'en a point ou très-peu. Celui qu'elle peut avoir ne fait point partie des repriſes de la culture; il ne retourne point à la terre, mais est enlevé par les propriétaires qui ont fourni les avances primitives, & qui en confondent l'intérêt avec leur revenu.

Distinguons la culture en trois classes.

	PRODUIT net.	AVANCES annuelles.
	millions.	millions.
La bonne culture, en différents genres, qui donne cinquante pour cent de produit net, ci...	400.	800.
La culture médiocre, en différents genres, à trente-trois pour cent l'une dans l'autre....	200.	600.
La mauvaise, à vingt pour cent..........	100.	500.
	700.	1900.
A quoi il faut joindre pour l'intérêt des avances primitives de quatre milliarts à cinq pour cent.		200.
TOTAL des reprises de la culture.		2100.

Voilà donc deux milliarts cent millions de reprise, & seulement ſept cents millions de produit net de la culture.

Conſidérons à préſent les diverſes manieres dont agit l'impôt indirect ; nous verrons pourquoi le revenu eſt ſi peu conſidérable, & combien les ſept cents millions qui reſtent, ſont envahis & entamés de toute part. L'impôt indirect agit *ſur le revenu poſſible*, en l'anéantiſſant ; *ſur le revenu exiſtant*, en l'épuiſant par les déductions qu'il néceſſite, & ſur *le revenu apparent*, en ſurchargeant ſon emploi par le renchériſſement des dépenſes. Je reprends ces trois conſidérations.

I. Dans un royaume tel que la France, la culture devroit poſſéder dix milliarts d'avances primitives, & donner cinq milliarts de reproduction totale, en ne supposant le produit net qu'à cent pour cent (& il iroit aisément à cent cinquante pour cent, si l'impôt étoit parfaitement régulier, si toutes les prohibitions & les entraves du commerce étoient levées, en un mot si tout étoit dans l'ordre). Deux milliarts d'avances annuelles d'abord se reproduiroient elles-mêmes, ci.. 2 milliarts.

2.° Elles donneroient cent pour cent de produit net. . . . . 2.

3.° L'intérêt des avances primitives à dix pour cent . . . . 1.

Reproduction totale.. 5 milliarts.

non compris les autres branches

de produit dont j'ai parlé en commençant, & qui feroient d'autant plus confidérables, que la confommation feroit plus grande en raifon des richeffes. Cet article pourroit aller à quatre cents millions, au lieu de deux cents, ce qui donneroit cinq milliarts quatre cents millions.

Différence de l'état actuel, deux milliarts quatre cents millions fur la reproduction totale, & un milliart trois cents millions fur le produit net de la culture.

Cette différence ne peut être attribuée qu'au défaut & à la fuppreffion des avances primitives, qui de longue main & peu à peu ont été enlevées à la terre, tant par l'extinction de la valeur en

premiere

premiere main, causée par les taxes sur les productions, que par l'effet spoliatif de l'impôt indirect sur la culture affermée, & principalement sur la culture à moitié que l'impôt, qui a toujours porté à plomb sur elle, a tellement écrasé, qu'il lui est impossible de faire le moindre effort pour se relever tant qu'on ne la déchargera pas du fardeau. C'est ainsi que l'impôt a agi *sur le revenu possible*, en l'anéantissant.

II. *Le revenu existant* reste à sept cents millions. Il faut d'abord considérer que sur les dix-neuf cents millions que j'ai compté pour les avances annuelles, les cultivateurs ont à supporter bien des charges indirectes *en corvées*, *mi-*

lices, bannalités, &c. qui tournent en pure déprédation, ſans que l'état en tire preſqu'aucuns ſecours. Si ces charges leur coûtent cent millions, reſtent dix-huit cents millions employés effectivement à la terre. La culture affermée s'en dédommage en grande partie ſur les propriétaires en déduction du revenu ; ce qui forme déjà une perte ſur le revenu exiſtant, qui dans l'état donné iroit à plus de ſept cents millions. La petite culture ne peut s'en indemniſer, pare qu'elle reſte toujours fixée à la moitié ; & ces charges indirectes, d'autant plus accablantes pour elle qu'elle a moins de force pour les ſupporter, ſont encore une des cauſes qui ont concouru à ſon appauvriſſement: & cette cauſe elle-même doit être regardée comme un effet ultérieur de l'impôt indirect ; car c'eſt lui qui en épuiſant le revenu de l'état, a fait employer ces moyens pour opérer à moindres frais le ſervice public.

Le revenu exiſtant eſt de ſept cents millions, mais il s'en faut bien que cette ſomme ſoit effectivement reçue par les propriétaires. En effet l'impôt indirect n'eſt pas aſſis ſur le revenu, mais ſur toutes les dépenſes indiſtinctément : il porte donc ſur la dépenſe de la culture comme ſur toutes les autres, & il la renchérit de toute part en ſe confondant avec les frais indiſpenſables : car non ſeulement l'entrepreneur de la culture paie ſa taille & les impôts ſur la conſommation dans ſa dépenſe perſonnelle ; mais les gages de ſes domeſtiques & les ſalaires qu'il paie à l'induſtrie, ſont renchéris par la taille que paient ſes ſalariés quelconques, & par leur contribution aux autres impôts. Dans la culture affermée, toute cette charge opere une déduction bien évidente ſur le revenu, & groſſit les repriſes à ſon préjudice : & c'eſt l'impoſſibilité où eſt la culture à moitié de faire cette déduction ſur la part du propriétaire, qui l'a laiſſée en proie à l'impôt indirect, & l'a ſi fort appauvrie. Si l'impôt indirect paroît fournir à l'état deux cents cinquante millions, on peut compter que ſa perception coûte à peu près autant en frais de tous genres, amendes, ſaiſies, confiſcations, garniſons, vente de meubles à vil prix, profits des financiers, profits des contrebandiers, &c. L'impôt indirect enleve donc annuellement cinq cents millions. La portion de cette ſomme qui eſt ſupportée par les fermiers & leurs ſalariés, par tous les vignerons & travailleurs aux gages des propriétaires, opere conſtamment une déduction ſur le revenu, en groſſiſſant à ſon préjudice les frais de la culture, & renchériſſant tous les ouvrages ruraux. Si en cette partie la contribution à l'impôt indirect, eſt de trois cents millions, le revenu qui étoit de ſept cents millions, ſe trouve réduit à quatre pour les propriétaires (11). C'eſt-à-dire que la culture étant ſuppoſée donner ſept cents millions de produit net (& même plus ſi l'on conſidere la déduction operée par les charges indirectes des milices, corvées, &c.) avec dix-huit cents

[11] Le dixieme indique en effet le revenu des propriétaires à cette ſomme, car il rend environ quarante millions; & ſi les biens des grands Seigneurs ſont ménagés, d'un autre côté on impoſe au dixieme une infinité d'héritages en petite culture, comme donnant un produit net, quoiqu'ils n'en donnent point: celui qu'ils paroiſſent donner n'étant qu'un foible intérêt des avances faites par le propriétaire, & une partie du néceſſaire arraché à la ſubſiſtance du cultivateur.

millions d'avances effectives, fournies par eux, par les fermiers & métayers, se trouve, sans que la reproduction soit diminuée, ne leur donner réellement que quatre cents millions, à cause des trois cents millions dont sont grevées toutes les dépenses rurales, médiatement ou immédiatement, surcharge absolument étrangere aux frais de culture, & occasionnée par les indemnités & reprises que nécessite l'impôt.

III. Enfin l'impôt agit *sur le revenu apparent*, en surchargeant son emploi par le renchérissement de toutes les dépenses. Il reste quatre cents millions de revenu aux propriétaires sur lesquels ils paient le dixieme & les sous pour livre;

ainſi il ne leur reſte que trois cents cinquante-ſix millions, l'impôt direct acquitté. Mais ce revenu ſe dépenſe annuellement : & combien n'eſt-il pas ſurchargé dans ſon emploi; c'eſt-à-dire, ſoit dans la dépenſe perſonnelle des propriétaires, ſoit dans les achats d'ouvrages & de ſervices à la troiſieme claſſe, qui ne devant rien à l'impôt, s'en indemniſe en l'ajoutant au prix des marchandiſes, ou en exigeant de plus forts ſalaires.

Le revenu apparent du Souverain ſouffre une perte ſemblable dans ſon emploi, car il eſſuie de même la contribution à l'impôt indirect. Si cet impôt leve cinq cents millions, dont trois cents portent ſur la claſſe des cultivateurs, il reſte deux cents millions qui ne peuvent ſe lever que ſur le ſurplus de la dépenſe qui ſe fait dans la nation ; c'eſt-à-dire ſur la dépenſe réunie, 1.° du Souverain & des rentiers, ſur celle des profits tirés de l'impôt & des frais de ſa perception ; 2.° ſur celle des propriétaires ; 3.° ſur celle des autres produits que j'ai évalué à deux cents millions, provenant de la pêche, des mines, des carrieres, &c.

D'après ce tableau on doit voir en gros en combien de manieres l'impôt indirect agit ſur le revenu, tant dans ſa formation que dans ſon emploi. Et voilà pourquoi nous ſommes ſi pauvres ; voilà pourquoi les biens fonds rendent si peu, & pourquoi le dixieme est devenu une si foible ressource ; il est assis sur un revenu diminué des quatre cinquiemes de ce qu'il devroit être ; sur un revenu qui pourroit être de deux milliarts, & qui est réduit à quatre cents millions. Voilà pourquoi depuis si long-temps la somme nécessaire aux besoins publics, ne s'est annuellement completée que par des moyens extraordinaires, qui ont de plus en plus augmenté l'épuisement. Voilà pourquoi les guerres sont devenues si ruineuses ; lorsque les richesses disponibles manquent, on ne peut soutenir ces dépenses forcées qu'au dépens du fonds. Voilà pourquoi, &c.

Mais connoître la cauſe du mal, c'eſt être en poſſeſſion du remede ; & il s'en faut bien qu'on ait toujours connu la cauſe du mal. Le peuple (& qui eſt-ce qui n'eſt pas peuple en cette partie ?) a toujours préféré les impôts ſur les conſommations, par la ſeule raiſon qu'ils ne s'adreſſent nommément à perſonne : les propriétaires ont fait tous leurs efforts pour mettre leur revenu à couvert. Les deux claſſes laborieuſes n'ont jamais connu le titre de leur exemption. On n'a jamais ſu ni ce que c'eſt que l'impôt, ni quelle eſt ſa ſource, ni par qui il eſt dû. Pouvoit-on ne pas agir au haſard dans l'ignorance où l'on étoit des loix phyſiques de la reproduction ? On commence aujourd'hui à les entrevoir ; & elles sont si simples, que la discussion libre parviendra bientôt à en convaincre la nation.

Ce n'est pas qu'on doive s'attendre que le bien puisse s'opérer sans contradiction. Il se trouvera sans doute des esprits plus difficiles à persuader, & sur lesquels l'évidence aura moins de prise. Il se trouvera des propriétaires assez aveugles pour ne pas sentir qu'ils ont plus d'intérêt que personne au rétablissement de l'ordre. Il se trouvera sur-tout des gens personnellement intéressés au maintien du désordre : & que ne feront-ils pas pour nous persuader qu'il est bon & sage de ne rien innover !

nover ! Tantôt ils attaqueront les principes, ils tâcheront de les environner de doutes, de les envelopper d'obſcurité : tantôt & lorſque la lumiere aura diſſipé les ténebres préparées par l'artifice & la cupidité, ils oppoſeront la difficulté de l'entrepriſe, le danger d'une révolution, l'incertitude du ſuccès. Les eſprits timides, toujours flottants dans le doute & rampants dans l'incertitude, ſe joindront à eux de bonne foi : ils conviendront que les principes peuvent être bons en eux-mêmes, qu'ils pourroient être ſuivis avec avantage par une nation qui n'ayant jamais eu d'impôt, voudroit en établir un ; mais ils ſoutiendront qu'on ne peut ſans riſques y ramener une nation, qui depuis des ſiecles en a ſuivi de contraires ; que toute innovation, même en bien, eſt dangereuſe ; qu'une réforme générale eſt une entrepriſe trop longue, & dont on ne peut eſpérer de voir le ſuccès [12].

Ces objections & toutes celles qu'on peut y ajouter, ſeront fa-

[12] Il eſt des gens qui prennent un autre parti, c'eſt de dire que tout eſt bien, & que jamais la France n'a été ſi floriſſante : ils apportent en preuve la perfection des arts ſuperflus & de l'induſtrie ; ils jugent de l'état de nos richeſſes par le luxe de la capitale, qui lui-même eſt une nouvelle cauſe d'appauvriſſement. Si c'eſt de bonne foi qu'ils penſent ainſi, & faute de lumieres ; il faut dire qu'ils ont la vue bien bornée : ſi c'eſt par flaterie, ils ne méritent qu'indignation.

ciles à résoudre. Il s'agira de montrer qu'une réforme préparée avec prudence & amenée par degrés, ne peut produire aucun effet fâcheux ; que si elle présente des difficultés de détail, il n'en est point que l'application & la fidélité à suivre les principes ne puissent surmonter ; que le plus grand obstacle viendra de la part de ceux qui gagnent au désordre, & qu'il est le plus facile à vaincre, puisqu'il ne s'agit que de courage & de fermeté. Il est un point qui doit invariablement décider, & faire regarder tout ce qui se rencontrera, non comme une barriere insurmontable, mais comme des pierres qui barrent le chemin & qu'il faut écarter, comme des brouſſailles qu'il faut couper à droite & à gauche, & ſans ménagement pour les clameurs ſuſcitées par les petits intérêts : c'eſt qu'un mal qui de ſa nature ne peut aller qu'en croiſſant, ne laiſſe pas la liberté du choix entre le déſordre & la réforme.

Si la forme de perception actuelle n'avoit d'autre effet que d'enlever aux ſujets le double de ce qu'elle rend au Souverain ; d'attaquer & de gêner, par la nature des impôts qu'elle renferme, la liberté civile, la propriété des biens, la facilité des échanges ; de faire acheter à chaque inſtant l'exercice des droits d'homme & de citoyen, & d'occuper peut-être ſoixante mille hommes à une régie ſi compliquée, ſi obſcure, & ſi ruineuſe : ſi l'impôt indirect en général n'avoit d'autre effet que de s'oppoſer à l'accroiſſement des richeſſes, aux progrès de la culture, à la valeur des productions, d'anéantir les deux tiers du *revenu poſſible*, d'abſorber la moitié *du revenu exiſtant*, de ſurcharger l'emploi *du revenu apparent* par le renchériſſement de toutes les dépenſes, de tenir enfin le royaume dans l'état de langueur où il eſt; & que l'on pût du moins s'aſſurer que le mal fixé au point où il ſe trouve, n'allât plus en augmentant : la difficulté de changer une manutention montée de longue main, & les obſtacles de détail qui peuvent ſe préſenter, pourroient peut-être engager à se dissimuler la nécessité d'une réforme, & déterminer à rester dans l'état d'appauvrissement actuel. Mais il n'en est pas ainsi.

L'impôt indirect est une cause qui agit incessamment & sans relâche. Ce n'est que par degrés qu'il nous a conduit au point où nous sommes, & son effet n'est pas de nature à pouvoir être suspendu tant que la cause subsistera. Il a détruit dès l'origine, & il continueroit de détruire jusqu'à entiere extinction; il nous réduiroit à un tel point de foiblesse, que notre existence politique ne seroit plus que précaire; car à mesure qu'il épuise les ressources, il devient insuffisant pour les besoins:

il eſt indiſpenſable, ou de le forcer par des augmentations ſucceſſives, & il détruit encore plus; ou de recourir à des moyens extraordinaires, & les ſuites de ces engagements néceſſitent encore des accroiſſements d'impôts. Si ces accroiſſements pouvoient ſe placer en impôt direct, ils n'auroient pas cet effet deſtructeur: mais eſt-il poſſible d'accroître l'impôt direct, tant que le revenu ſur lequel il eſt aſſis ſera envahi & abſorbé de toute part? Que reſteroit-il donc au propriétaire, ſinon un titre inutile & les charges d'une propriété infructueuſe? Il eſt donc préalable de donner aux propriétaires les moyens de payer davantage en impôt direct, en ſupprimant toutes les causes qui épuisent leur revenu. L'effet nécessaire de cette opération sera, d'une part, de réunir dans leurs mains *tout le revenu existant*, & de l'autre, de l'*accroître* par une progression rapide. Toute autre opération, quelque favorable qu'elle puisse être par elle-même, (telle que celle qui a commencé à nous rendre la liberté du commerce des grains) ne peut arrêter l'effet de l'impôt indirect, mais seulement en reculer le dernier terme, en lui donnant plus de richesses à dévorer. Il n'y a d'autre ressource que le retour *à l'ordre ;* il est heureux qu'il n'y en ait pas d'autre, & c'est par une bonté singuliere que l'auteur des loix phyſiques n'a pas laiſſé à la volonté de l'homme le choix des moyens & des principes ſur leſquels doit être dirigé le gouvernement des ſociétés.

L'effet toujours actif & toujours deſtructeur de l'impôt indirect, contient la réponſe à ce raiſonnement dicté par le découragement & l'inaction : *Il y a ſi longtemps*, dit-on, *que la France eſt gouvernée par les principes actuels, qu'elle peut encore ſubſiſter longtemps dans le même état.* Et ſi cet état eſt un état de foibleſſe & d'épuiſement, pourquoi faut-il qu'elle y ſubſiſte ? pourquoi vouloir l'y fixer, lorſque les moyens d'en ſortir ſont ſi faciles ? Mais c'eſt parce que le déſordre eſt ancien, qu'il eſt d'autant plus urgent d'y remédier : car il n'eſt pas de nature à ne pas faire de nouveaux progrès ; & il eſt un point de foibleſſe dont il n'eſt plus poſſible de tirer une nation ; l'induſtrie s'éteint, l'activité ſe perd ; l'intérêt ceſſe de porter au travail, quand le travail eſt infructueux. Les hommes depuis long-temps malheureux s'accoutument à la miſere, & ne ſongent plus à en ſortir ; les cultivateurs ne demandent alors qu'à vivre ; mais une culture qui ne fait vivre que ceux qui l'exécutent, devient nulle pour l'état & pour les propriétaires ; & ſi elle paroît encore fournir quelque revenu, c'eſt aux dépens de la ſubſiſtance de ſes agents.

Qu'on ne diſe pas non plus, pour éluder l'avantage d'une réforme, qu'il faudroit des ſiécles pour l'opérer. Il a fallu des ſiécles à l'impôt indirect pour nous conduire à l'épuiſement, parce que ſon effet a été lent & progreſſif. Il eût dans le cours d'un bail de neuf ans anéanti la culture & le royaume, ſi on l'eût établi ſur le champ tel qu'il eſt aujourd'hui. Par la raiſon contraire, il ne faut pas une révolution de plus de neuf ans, pour recueillir les fruits de la ſuppreſſion des impôts indirects les plus onéreux; & il ne faut pas plus de dix-huit ans pour effectuer toutes les ſuppreſſions à faire, & compléter la réforme par la conversion de tous les impôts en impôt direct, en agissant d'après un plan suivi, invariable, & qui ne fasse que se développer successivement. Chacune des opérations à faire doit servir de dégré pour arriver à ce terme; & le chemin nécessaire à traverser pour rentrer dans l'ordre n'aura rien de fâcheux ni de pénible. Lorsque la nation sera éclairée sur les principes de l'impôt, qu'elle sera convaincue de la nécessité de la réforme, & instruite des moyens qui peuvent y conduire; elle applaudira à toutes les démarches du gouvernement; elle ira par ses desirs au devant de celles qui resteront à faire; & ce concert si désirable entre l'autorité & les

les ſujets, applanira toutes les difficultés, & facilitera les moyens de combiner les opérations de maniere qu'il n'arrive aucune ſecouſſe, aucun ébranlement, aucun dérangement dans la perception du revenu public, qui ne doit ſouffrir ni diminution ni retard. Dès la premiere révolution des baux il ſera facile d'accroitre ſenſiblement l'impôt direct; & le terme de neuf ans n'eſt aſſurément pas un ſiécle, & celui de dix-huit ans ne doit pas paroître trop long, lorſqu'il ne s'agit de rien moins que de rétablir les richeſſes d'une nation, de remonter ſa culture par la régénération des avances productives, & d'aſſurer au Souverain un revenu libre & abondant, qui le mette en état de liquider la dette publique.

Il eſt deux moyens de ſoulager la nation, ou par la décharge d'une partie de l'impôt, ou par la réforme de l'impôt. Les beſoins urgents ne permettent pas le premier moyen ; & quand il ſeroit praticable, il ne procureroit qu'un foible bien, ſi les impôts conſervés reſtoient dans le même état de déſordre. Si la nation étoit aſſez peu éclairée pour préférer la réduction de l'impôt direct à la ſuppreſſion de l'équivalent en impôts indirects, la diminution de l'impôt acordée aux vœux de la nation, & déterminée par le deſir de la ſoulager plutôt que par l'état des finances, réduiroit à la nécessité de remplir ce vuide par des moyens extraordinaires. C'est donc le second parti qu'il faut embrasser: il est infiniment plus avantageux que ne peut jamais être le premier, puisqu'il tend non à un simple soulagement qui ne peut être considérable en lui-même, & ne peut durer que jusqu'au premier besoin, mais à un rétablissement entier & durable. Si la réforme de l'impôt n'offre pas au Roi des secours actuels, elle ne lui en ôte pas; & elle lui prépare pour un avenir peu éloigné, une ressource immense qui ne peut que s'accroître, & rendre la France l'état le plus heureux & le plus puissant de l'Europe. Si au contraire l'on ne réforme pas l'impôt, non ſeulement on ne pourra eſpérer de pouvoir augmenter l'impôt direct au beſoin, mais il deviendra indiſpenſable de le réduire par la ſuite, faute de moyens de le paier; & plus on voudra ajouter à l'impôt indirect, moins on trouvera de reſſources dans l'impôt direct; parce que l'effet progreſſif de l'impôt indirect, eſt de dégrader les avances, de diminuer le nombre des fermiers riches, de réduire la bonne culture à la médiocre & la médiocre à la mauvaiſe qui ne rend preſque plus rien.

S'il eſt vrai d'un côté que le Souverain ne jouit pas d'un revenu proportionné aux beſoins publics & aux arrérages de la dette ; il eſt également vrai de l'autre que l'impôt eſt beaucoup trop fort pour l'état actuel des richeſſes. Il ne faut pas ſéparer ces deux vérités de fait ; la ſeconde doit écarter pour l'état préſent tout projet d'augmenter l'impôt, & faire chercher des reſſources dans la plus grande économie ; la premiere doit faire pratiquer les moyens qui puiſſent mettre par la ſuite en état de proportionner l'impôt aux beſoins. L'une & l'autre ſe réuniſſent pour faire ſentir combien il eſt urgent de rétablir les richeſſes qui doivent fournir à l'impôt ; parce que quand elles ſeront détruites, l'impôt le ſera avec elles. Ne s'occuper que du beſoin actuel, & forcer l'impôt en conſéquence, ſeroit imiter la conduite d'un homme qui ne ſongeroit qu'à vivre, ſans s'inquiéter de ce qui arrivera après lui. Mais l'Etat eſt un corps toujours ſubſiſtant; il peut eſſuier des maladies, & s'affoiblir; mais il peut réparer ſes forces par un régime convenable. La France ſubſiſte depuis quatorze ſiecles. La protection divine, la bonté de ſa conſtitution, l'amour réciproque du Souverain & des ſujets, l'ont ſauvée de pluſieurs révolutions, dont elle eſt ſortie plus forte & plus vigoureuſe. Seroit-elle donc deſtinée à périr inſenſiblement, & à ſuccomber ſous une maladie de langueur qui épuiſeroit ſes forces, conſumeroit ſes richeſſes, & éteindroit ſa population? C'eſt pour nous garantir de ce malheur que Dieu nous a donné un Prince qui ne deſire que le bonheur de ſes ſujets, & qui ne veut régner que par les loix. Or les loix de l'adminiſtration la meilleure poſſible, ſont *les principes de l'ordre phyſique*, établis par le Créateur pour la conſervation & la multiplication des hommes, pour le maintien & le bonheur des ſociétés civiles : principes de vie ſi long-temps ignorés & contredits, dont l'oubli eſt la cauſe de tout déſordre économique, dont la connoiſſance peut ſeule indiquer les moyens de réparer tous les maux, & diriger ſûrement les opérations de ceux qui gouvernent : principes dont l'évidence demeurera victorieuſe des fauſſes lumieres & des préjugés, & préſervera la nation des écarts dangereux d'un zele qui n'auroit d'autre guide que le deſir de faire le bien.

LES EFFETS DE L'IMPÔT INDIRECT,

PROUVÉS par les deux exemples de la Gabelle & du Tabac.

PREMIERE PARTIE.

DE LA GABELLE.

POUR avoir une juste idée de ce que coûte la gabelle, il faut considérer, 1.° ce qu'elle coûte à la nation en dépense effective; 2.° ce qu'elle coûte au Roi; 3.° ce qu'elle coûte en anéantissement de richesses.

L v

CHAPITRE PREMIER.

Ce que la gabelle coûte à la nation en dépenſe effective.

Le ſel eſt d'une conſommation néceſſaire & univerſelle. La miſere peut la réduire beaucoup ; mais c'eſt une des dernieres qu'elle puiſſe éteindre.

La ferme générale ne fournit pas tout le royaume. Il eſt des pays rédimés, où la vente du ſel eſt libre, ſauf les précautions preſcrites par l'ordonnance des gabelles. Tels ſont l'Artois, la Bretagne, le Poitou, le Limouſin, la Marche, le Périgord, & partie de l'Auvergne.

Dans les provinces que fournit

la ferme, elle ne vend pas au même prix. Il y a les grandes & les petites gabelles.

Les grandes gabelles comprennent les directions de Paris, Rouen, Saint-Quentin, Soissons, Tours, Dijon, Langres, Laval, le Mans, Moulins, Orléans, Alençon, Amiens, Angers, Bourges, Caen, Châlons-sur-Marne, Charleville, Châlons-sur-Saône.

Actuellement le prix général du sel dans les grandes gabelles, paroît être de douze sols la livre.

Le muid est composé de quarante-huit minots.

Le minot pese ou est censé peser cent livres; & par conséquent le muid quatre mille huit cents livres.

Le prix du minot dans les grandes gabelles, à douze ſols la livre, eſt de ſoixante livres ; celui du muid eſt de deux mille huit cents quatre-vingt livres [1].

Les petites gabelles comprennent les directions de Lyon,

---

[1] Il peut y avoir dans ce calcul quelque petite erreur. Le minot eſt cenſé peſer cent livres ; peut-être ne doit-il pas les peſer tout-à-fait *de droit* : en tout cas la maniere dont on meſure, empêche bien qu'il ne le peſe *de fait*. Il ne vaut pas non plus tout-à-fait ſoixante livres, mais cinquante-ſept livres ſeize ſols. D'un autre côté une très-grande partie du peuple eſt dans l'impuiſſance de lever du ſel au grenier, & achete le ſel à la livre des regrattiers qui le lui vendent douze ſols ſix deniers ; ce qui fait ſoixante-deux livres dix ſols les cent livres. Pour éviter les fractions, j'établirai donc le poids du minot à cent livres, & le prix à ſoixante livres.

Belley, Grenoble, Valence, Narbonne, Toulouſe, Villefranche, Marſeille, & Toulon. Je ne ſais pas préciſément le prix de la livre de ſel dans ces directions, qui peut-être n'eſt pas uniforme. Je l'eſtime entre cinq à ſix ſols la livre, & je ne le mettrai qu'à cinq ſols ; ce qui établit le minot à vingt-cinq livres & le muid à douze cents livres dans les pays de petites gabelles.

Outre la vente dans les grandes & petites gabelles, la ferme vend par elle-même ou leve des droits ſur les ſels foſſiles d'Alſace, de Franche-Comté, des Trois-Evêchés, de Moyenvic, &c. La variation de ces droits dans chaque canton, fait qu'il eſt difficile d'eſtimer le prix commun. Je penſe, ſauf erreur & pour ſimplifier le calcul, qu'on peut le fixer à quatre ſols la livre ; ce qui établit le minot à vingt livres, & le muid à neuf cents ſoixante livres.

ARTICLE PREMIER.

Eſtimation de ce que leve la ferme par la vente du ſel.

D'APRÈS les connoiſſances de détail que j'ai pu raſſembler par comparaiſon du débit d'une direction à celui d'une autre, j'eſtime que dans les pays de grande gabelle, la ferme vend annuellement ſeize à dix-ſept mille muids de ſel, qui font quatre-vingt-un millions ſix cents mille livres peſant, qui à douze ſols la livre, ou deux mille huit cents quatre-vingt livres le muid, font quarante-huit millions neuf cents ſoixante mille livres; mais comme je préfere de tout mettre au plus bas, & plutôt au-deſſous qu'au-deſſus de l'eſtimation que j'en puis porter, je ne calculerai que quinze mille muids, qui, à deux mille huit cent quatre-vingt livres le muid, donnent quarante-trois millions deux cents mille livres.

Je réduis d'autant plus volontiers mon eſtimation, qu'il y a peut-être un retranchement à faire ſur cette ſomme à cauſe des *franc-ſalés* que la ferme eſt obligée de délivrer, & dont je ne puis ſavoir le montant. Elle ne perd pas ſans doute sur cette partie de son débit, car on lui paie un droit de délivrance qui va, je crois, à six liards la livre, & qui excede de beaucoup le prix qu'elle achete. Mais la portion de sel ainsi délivrée en franc-salé, ne devroit pas moins être déduite, si on étoit à portée de la connoître, de la quantité de sel que la ferme débite à douze sols.

D'un autre côté, comme l'objet de ce Mémoire est d'évaluer ce que le sel coûte à la nation, de toute maniere & sous tous les rapports, je suis en droit d'y comprendre une partie des franc-salés; sçavoir, celle qui a été attachée à des offices, & pour lesquels on a financé [2]. Car ce droit ayant été accordé à titre onéreux, & s'évaluant comme revenu en argent lors de la vente des offices dans le commerce, il eſt évident que la conceſſion de ce

---

[2] Il eſt des offices auxquels on a attaché plus de ſel qu'une famille ordinaire ne peut en conſommer, & ils ont financé en conſéquence. L'art. 5 du titre 13 de l'ordonnance des gabelles leur défend de vendre, échanger, ni donner leur excédent, à peine de cinq cents livres d'amende & de déchéance de leur privilege. Il faut donc qu'ils le jettent; & a-t-on jamais jetté une marchandiſe qui ſe vend douze ſols la livre? Une telle diſpoſition eſt-elle faite pour être obſervée? On pourroit dire la même choſe de preſque toutes les diſpoſitions de cette ordonnance. Celles qui ſont exécutées, ne le ſont qu'à main armée, & qu'autant que l'autorité a dépoſé la force coactive dans la main de ceux qui ont intérêt de la faire agir.

droit fait partie de ce que coûte la gabelle à la nation, & qu'un officier qui a donné mille livres pour jouir d'un minot de ſel par an, paie le fonds de ce minot en revenu, comme il paie le fonds de cinquante livres de gages; ce qu'il n'auroit pas payé ſi le ſel étoit libre. On ne doit donc déduire que la quantité de ſel accordée gratuitement aux hôpitaux, &c.

L'ordonnance ſemble donner à entendre que le débit ordinaire du fermier eſt de quinze mille muids, en lui donnant la préférence dans les ſalines pour cette quantité. Or le financier qui a ſi bien commenté l'ouvrage de M. Hume, intitulé, *Eſſais ſur le Commerce, le Luxe, l'Argent, les Impôts, &c. A Paris, chez Saillant, 1767.* (car quel autre homme pourroit-ce être qu'un financier ?), nous dit, *pag. 144*, que les perſonnes inſtruites de la diſtribution qui ſe fait du ſel dans les greniers, n'ignorent pas qu'elle eſt accrûe de plus d'un tiers depuis 1680. S'il dit vrai, & que la ferme débitât quinze mille muids en 1680, elle en doit débiter vingt mille aujourd'hui, qui feroient quatre-vingt-ſeize millions de livres, & en argent, cinquante-ſept millions ſix cents mille livres. Mais quoique je ſois aſſez fondé à adopter ce calcul d'après ces deux préſomptions réunies, je m'en tiens à mon calcul de quinze mille muids.

J'obſerverai ſeulement que s'il entre annuellement dans les greniers des grandes gabelles quinze mille muids de ſel, il s'en vend bien davantage. En effet, la ferme achete au pied cube dans les piles entaſſées depuis du temps ; le ſel s'y affaiſſe par ſon poids, & y acquiert la plus grande peſanteur poſſible ſous un moindre volume. La ferme revend ce même ſel à meſure très-raſe, en le faiſant tomber dans le minot par une trémie ; de maniere que les grains placés à leur aiſe, & nullement comprimés, ne ſe touchent que légérement & par les angles. J'ai ſecoué le minot par curioſité, & je l'ai fait baiſſer de deux doigts. Cette maniere de meſurer augmente considérablement le débit de la ferme ; car l'air qu'on achete ne tient pas lieu de sel. Je pourrois encore mettre en ligne de compte les corps étrangers que les fermiers mettent dans le sel, sous prétexte de le distinguer plus aisément du faux sel. Je pourrois dire encore que les débitants y mettent du lait pour le rendre plus pesant. Mais je ne fais ces remarques que par observations, sans en tirer aucune augmentation du calcul ci-dessus. Je n'ai pas besoin d'enfler les calculs pour établir la these que je veux prouver. Je ne fais point non plus mention de l'impôt du quart du prix du sel que leve la ferme sur les salines de Normandie,

& qu'on appelle le quart-bouillon.

J'eſtime à cinq cents mille minots, ou cinquante millions de livres, le débit de la ferme dans les pays de petites gabelles ; ce qui, à cinq ſols la livre, ou vingt-cinq livres le minot, fait douze millions cinq cents mille livres.

Cette eſtimation porte la conſommation des petites gabelles à un tiers environ moins que celle des grandes gabelles. Peut-être la trouvera-t-on trop forte par relation : mais il faut remarquer, 1.° que le prix étant moindre de beaucoup, la conſommation eſt plus étendue parmi le peuple ; 2.° que dans les pays de grandes gabelles la contrebande participe pour beaucoup au débit du ſel,

& d'autant plus qu'on en augmente le prix ; elle donne environ à moitié ; & dans les pays de petites gabelles le bénéfice ne vaudroit pas les risques.

Enfin il y a les sels fossiles de Lorraine, Alsace, Franche-Comté, &c. qui sont débités par la ferme, ou sur lesquels elle leve des droits. On peut estimer le débit de cette partie à seize millions de livres, qui à quatre sols la livre font trois millions deux cents mille livres.

Ainsi les grandes gabelles montent à	43,200,000 l.
Les petites gabelles, à	12,500,000.
Les sels fossiles, à	3,200,000.
TOTAL . . .	58,900,000 l.

ARTICLE II.

Estimation de ce que coûtent à la nation les contraintes, saisies, confiscations, &c.

Il faut distinguer, dans les grandes gabelles, *les greniers à sel de vente volontaire, & les greniers à sel d'impôt.* Voyez les titres 5, 6, 7 & 8 de l'ordonnance de 1680. Je ne citerai gueres dans cet ouvrage que cette ordonnance. Il deviendroit trop ennuyeux, si pour faire montre d'érudition j'en rapprochois les dispositions des loix qui sont intervenues depuis. Je les ai sous les yeux, & je compte cent quatre-vingts édits, déclarations, lettres patentes & arrêts du Conseil, sans parler des

des arrêts des Cours des Aides ; & malheureuſement ma collection finit en 1746. Tout ce que l'on peut dire en général, c'eſt que ces loix ont pour objet de perfectionner la perception, & ont été ſollicitées par le fermier.

Dans les greniers à ſel de vente volontaire, les collecteurs des tailles ſont obligés de fournir tous les ans une copie de leur rôle, d'après lequel les fermiers tiennent un regiſtre qu'on appelle *ſexté*, contenant le nombre des perſonnes dont chaque famille eſt compoſée, & la quantité de ſel que chaque chef de famille aura levée par chaque année. D'après cela le fermier eſt autoriſé à pourſuivre ceux qui n'auroient pas levé le ſel néceſſaire, à raiſon d'un minot pour quatorze perſonnes, pour le pot & ſaliere ſeulement.

Dans les greniers à ſel d'impôt, le ſel, en vertu des commiſſions du Conſeil, ſe répartit annuellement par les officiers des greniers ſur les paroiſſes de leur reſſort, qui enſuite nomment des collecteurs pour faire la répartition ſur les habitants. Il ſuffit de lire le titre 8, pour voir combien cette manutention néceſſite de frais aux dépens des habitants; combien elle occaſionne de contraintes, de ſaiſies, de diſcuſſions, & ventes de meubles, contre les collecteurs & les principaux habitants de chaque paroiſſe, qui après la discussion des collecteurs, sont poursuivis *solidairement.*

En général l'ordonnance de 1680 prononce à chaque page, & presque à chaque article, des amendes de trois cents livres, & de cinq cents livres, & des peines de confiscation, non seulement contre les faux-sauniers, mais aussi contre ceux qui achetent du faux-sel (ce qui n'est pas rare), & dans un nombre infini d'autres cas. Et ces amendes ne sont pas comminatoires; la déclaration du 29 août 1724, art. 10, défend aux juges de les réduire ni modérer, à peine d'en répondre & d'être interdits. Ainsi l'amende ne peut fuir le fermier. Il faut que la partie la paie ou le juge. Il faut lire l'ordonnance, pour en avoir une idée & concevoir combien ces dispositions pénales doivent rendre à la ferme ; & il faut remarquer qu'elles coûtent encore bien plus au peuple qu'elles ne rendent à la ferme ; tous les frais d'assignation, de contrainte & de saisie, toutes les compositions secretes, reçues par les commis, formant un objet considérable de dépense pour le peuple, qui ne tourne point au profit du fermier.

Il est impossible d'avoir aucun point fixe pour évaluer ce qu'il en coûte à la nation en cette partie. Je ne croirois pas exagérer en l'estimant à dix millions.

ARTICLE III.

Estimation de ce que la contrebande leve sur la nation par la vente du sel.

LA contrebande vend à peu près à moitié prix de la ferme, & souvent plus : elle ne manque donc pas de débit ; & plus on a augmenté le prix du sel, plus elle s'est multipliée au préjudice de la ferme, qui a été forcée de multiplier ses commis, & qui avec tous ses soins & ses dépenses, ne viendra jamais à bout de l'empêcher.

La contrebande donne à moitié prix, mais elle fait payer infiniment au dessus de la valeur réelle de la denrée. Le sel peut coûter, année commune, deux à trois deniers la livre au fermier, vu la préférence qui lui eſt accordée pour l'achat, & qui dans le fait équivaut à un privilege excluſif : il vend cent quarante-quatre deniers. Le faux-ſaunier achete peut-être un peu plus, & vend ſoixante-douze ou quatre-vingt-quatre deniers. Mais quoique le peuple gagne à acheter des faux-ſauniers, il n'en faut pas moins faire entrer le montant de ce qui eſt vendu par la contrebande, dans le calcul de ce que la gabelle coûte à la nation; puiſque ſans la gabelle il n'y auroit point de contrebande, & qu'on n'acheteroit qu'au prix marchand.

Le calcul de la conſommation générale du royaume, peut conduire à eſtimer, par une ſorte d'approximation, la quantité de ſel qui ſe débite par la contrebande.

On compte communément en France ſeize millions d'hommes. L'ordonnance fixe un minot par quatorze perſonnes; ce qui fait ſept livres deux onces par tête pour le pot & ſaliere ſeulement, & ſans compter les groſſes ſalaiſons, dont l'objet eſt conſidérable. On ne riſque donc rien de compter douze livres par tête. Ce qui donne pour la conſommation générale cent quatre-vingt-douze millions de livres; il en faut ôter cent trente-deux millions pour ce qui eſt vendu par la ferme; reſte ſoixante millions de livres. Mais comme il y a pluſieurs provinces rédimées, la consommation de ces soixante millions se partage entre les pays rédimés, & ce qui se débite en contrebande dans les pays de grandes gabelles presque en entier. La ferme vend cent trente-deux millions de livres. La contrebande peut débiter un cinquieme en sus, qui est vingt-six millions, qui, vendus à sept sols, coûtent à la nation neuf millions cent mille livres.

RÉCAPITULATION de ce que coûte à la nation la gabelle en dépense effective.

La ferme vend pour . . .	58,900,000 l.
Les saisies, amendes, confiscations, &c. coûtent . .	10,000,000.
La contrebande vend pour..	9,100,000.
	78,000,000 l.

Ci-contre	78,000,000 l.
Le Roi *paroît* recevoir du prix de la ferme en cette partie	35,196,600.
RESTE.	42,803,400 l.

que la nation paie assurément en pure perte pour le Roi.

Je crois avoir plutôt modéré que forcé les estimations. Ceux qui en savent moins que moi, n'ont pas droit de les contredire; ceux qui en savent plus, peuvent le faire, pourvu qu'ils n'aient pas plus d'intérêt à réduire les évaluations que je n'en ai à les enfler; ceux à qui il plaira, sans savoir pourquoi, de les trouver trop fortes, peuvent, si cela leur convient, retrancher huit millions; il restera soixante-dix millions, levés pour en former trente-cinq au Souverain ; & il en résultera que si le Souverain a besoin de soixante-dix millions effectifs, il faut en lever encore trente-cinq en sus, pour lui fournir cette somme, & les lever par un impôt *direct*, qui seul produit au Souverain & sans dégradation, ce qu'il coûte au peuple : car si on leve ces trente-cinq millions par un impôt du même genre que la gabelle, & qui coûte le doub[illegible] de son produit, il se trouv[illegible] qu'on aura levé cent quarante millions pour en obtenir soixante-dix. Je n'ai point ici à rechercher par distinction la portion des sommes levées, qui tourne en bénéfice au profit des fermiers, de leurs commis, des officiers des greniers à ſel, des contrebandiers, des huiſſiers employés aux contraintes & ſaiſies, &c. : car je ne parle que de ce qu'il en coûte à la nation, ſans m'inquiéter de ce qui en revient à chacun des agents de cette régie ſi diſpendieuſe. Il eſt évident qu'ils partagent entr'eux plus de trente-cinq millions : qu'importe comment ſe fait le partage ! Ce que je préſume, c'eſt que de tous ceux qui s'emploient au débit du ſel, ce ſont les contrebandiers qui ont le moindre bénéfice & le plus de peine. La miſere en laquelle ils ſont réduits prouve que c'eſt un pauvre métier. Ce ſont probablement les amendes & confiſcations qui les ruinent de temps en temps. La ferme par ce moyen s'empare de leurs profits, & s'indemnise en partie de la perte qu'ils lui causent.

CHAPITRE DEUXIEME.

Ce que la gabelle coûte au Roi.

J'ai dit que le Roi *paroissoit* recevoir trente-cinq millions de la gabelle ; & je ne l'ai pas dit au hasard ; parce qu'en effet cette recette apparente est en partie une recette fictive. Les impôts sur les consommations coûtent au Roi lui-même comme à tous ses sujets, parce que ces impôts portant sur toutes les dépenses, celle du Roi se trouve surchargée comme toutes les autres. Il eſt juſte & néceſſaire que le manœuvre qui travaille pour le Roi, ſoit payé d'autant plus cher de ſa journée, que ſon ſel lui coûte plus, & que la gabelle renchérit pour lui tous les objets dont il a beſoin, parce qu'elle fait payer tout le monde.

Le Roi étant donc obligé de ſurpayer tous ſes ſalariés à proportion de l'impôt & de ſes accroiſſements, il faut évaluer cette ſurcharge occaſionnée dans ſa dépenſe, & la déduire des trente-cinq millions que paroît rapporter la gabelle. On croira peut-être que ce calcul eſt impoſſible ; mais il eſt aiſé d'en donner, ſinon le juſte & indubitable résultat, au moins une approximation de la plus grande probabilité.

En effet, nous n'avons sûrement pas à dépenser plus de dix-huit cents millions chaque année dans toute la nation. (Que les gens peu instruits ne s'y trompent pas, je ne parle pas ici du produit net ou revenu seulement, mais de la réproduction totale.) C'est beaucoup même s'il en reste tant, quand on a pris sur la production annuelle du royaume les semences & la nourriture des animaux. Sur ces dix-huit cents millions, si le sel en coûte seulement soixante-douze à la nation, c'est précisément la vingt-cinquieme partie de la dépense totale. Cette proportion étant établie, on peut eſtimer à deux cents cinquante millions la dépenſe que fait le Roi, tant de ſes recettes ordinaires que des deniers extraordinaires (en ce non compris l'acquittement de la dette nationale). La vingt-cinquieme partie de deux cents cinquante millions eſt tout juſte dix millions. Donc le Roi, comme dépenſeur de ſon revenu, ſupporte immédiatement dans ſa dépenſe, & médiatement par ſes ſalariés, cette portion de la gabelle : donc le produit réel de cet impôt n'eſt que de vingt-cinq millions, puiſque le Roi n'a pas aujourd'hui plus d'ouvrage & de ſervice pour trente-cinq millions, qu'il n'en auroit eu pour vingt-cinq ſi la gabelle n'avoit pas exiſté.

Revenu apparent.	35 millions.
Surcharge de la dépense du Roi.	10 millions.
Revenu réel.	25 millions.

Et il en faut dire autant de tous les impôts indirects, dont le produit étant en partie fictif pour le Roi, le force de lever d'autant plus.

CHAPITRE TROISIEME.

IDÉE de ce que coûte à la nation la gabelle en anéantissement de richesses.

ON auroit une idée fort incomplette de ce que coûte la gabelle à la nation, si l'on s'en tenoit aux soixante-dix-huit millions que lui coûte directement cet impôt. Cette dépense est sans doute la plus frappante & la plus facile à concevoir, mais elle n'est assurément pas le seul objet à considérer ; & j'ose dire qu'il en coûte beaucoup plus à la nation *en anéantissement de richesses & de revenu*, qu'en achat de sel à la ferme & à la contrebande.

Cette partie n'est pas toujours susceptible de calcul ; mais pour peu que le lecteur soit instruit, il sentira facilement l'énormité de la perte, & concevra de combien elle surpasse la dépense directe.

ARTICLE PREMIER.

Perte sur le sel même ; c'est-à-dire, sur la quantité du sel que la France produiroit, & sur sa valeur.

TOUT ce qui a une valeur vénale, est une richesse. Le sel est donc *une richesse*, & cette richesse est en quelque sorte particuliere à la France, puisque la nature lui a donné l'avantage de produire le meilleur sel de l'univers, & le plus propre à la pêche & aux salaisons. La fabrication du sel est donc pour elle une mine très-riche, & infiniment plus précieuse que celle de l'Espagne aux yeux de ceux qui savent que le travail des mines est destructif des hommes, & qu'il donne aujourd'hui très-peu de produit net; que la production d'une denrée de premiere nécessité & qui se consomme journellement, est bien plus lucrative que l'extraction des métaux qui perdent continuellement de leur valeur en raison de ce qu'ils deviennent plus communs ; que la multiplication du gage intermédiaire des échanges n'eſt pas un moyen de s'enrichir, parce qu'il n'eſt pas un moyen de multiplier les jouiſſances, ce qui eſt le but de tout travail, &c. &c. Ceux qui eſtiment l'argent plus qu'il ne vaut, & dont les principes tendroient en quelque ſorte à le regarder comme l'unique richeſſe à l'acquiſition de laquelle il faille travailler, doivent ſentir que multiplier la production d'une denrée qui s'échange contre de l'argent, c'eſt multiplier les moyens d'acquérir de l'argent. Ainſi tout le monde doit s'accorder à regarder le ſel comme une production privilégiée, dont on ne peut trop favoriser la fabrication, c'est-à-dire laisser la vente absolument libre au dedans & au dehors.

Or la gabelle a presque anéanti cette richesse, & du côté de la quantité de la production, & du côté de sa valeur.

Et d'abord la consommation intérieure se trouve infiniment réduite par le haut prix qui force à n'user de sel qu'avec la plus grande économie. La consommation du sel dans le royaume ne roule qu'entre trente à quarante mille muids, en y comprenant même celle des sels fossiles ; elle devroit être de cent vingt, peut-être de cent cinquante mille muids ; car si on l'avoit au prix marchand, on ſaleroit plus de viande, on en mettroit dans le pain, on en donneroit aux beſtiaux, on en répandroit ſur les fumiers, &c. Qui peut évaluer la conſommation qui s'en feroit? Quelle extinction de production & de valeur!

Si du moins le débit du ſel à l'étranger étoit reſté libre, il auroit ſoutenu la valeur de cette denrée, & par conſéquent la production. L'ordonnance n'a point fixé le prix de l'achat, ſans doute pour favoriſer les propriétaires des ſalines, & leur laiſſer vendre au prix courant. La récolte du ſel eſt caſuelle; c'eſt la température de l'été qui en décide : il eſt des années où on en fait peu, & de mauvaiſe qualité ; mais les années ordinaires ſont ſi abondantes qu'on ne doit jamais craindre d'en manquer : les propriétaires riches le mettent alors en pile, & ſpéculent ſur la garde qui le bonifie & lui donne un degré de perfection. Si le commerce de cette denrée étoit libre, elle ſeroit toujours abondante, & ſe vendroit ſur un prix commun & preſque uniforme ; car l'effet de la liberté en tout genre eſt de rapprocher les extrêmes, & de compenſer les prix.

Mais l'intérêt du fermier eſt d'avoir toujours le ſel à bas prix ; & pour y parvenir, il s'eſt rendu preſque *le ſeul acheteur*, tant au dedans qu'au dehors du royaume.

Le prix courant devroit se régler par la libre concurrence entre le fermier, l'habitant des pays rédimés, & sur-tout les étrangers, dont les achats seroient immenses si l'on n'avoit trouvé moyen de les repousser. Mais d'abord le fermier, déjà seul vendeur dans presque tout le royaume, s'est également emparé du débit dans les pays rédimés, en écartant la concurrence à force de gênes & de formalités, ainsi que le titre 14 de l'ordonnance le mettoit à portée de le faire. Le sel nécessaire pour la pêche, par exemple, ne peut se prendre que dans les greniers; les cantons dont les salines ne donnent que du sel blanc, ne peuvent se fournir de sel gris que dans ses greniers. Toutes les frontieres des pays rédimés, à trois lieues de profondeur, ne peuvent acheter que dans ses dépôts. Dans l'intérieur de ces provinces il est parvenu à dégoûter les marchands qui pourroient en faire le commerce, & leur laisse toujours craindre des poursuites, sous prétexte de formalités omises, & de prétendues contraventions. Les décisions qu'il a obtenues depuis l'ordonnance, ont sans doute encore renchéri sur ses dispositions, & favorisé le débit par la voie du fermier dans les pays rédimés, afin de prévenir d'autant plus aisément tout transport dans les pays de gabelles. Il ne vend, à la vérité, dans les provinces rédimées qu'au

prix

prix marchand. Mais je veux ſeulement prouver ici qu'il eſt *ſeul revendeur* dans la preſque totalité du royaume, & par conſéquent qu'il a déjà un grand avantage pour ſe rendre maître du prix de l'achat.

Mais puiſque le fermier eſt preſque *le ſeul revendeur* dans tout le royaume, il eſt déjà en cette partie preſque *le ſeul acheteur en premiere main* : il n'y avoit plus que la concurrence des étrangers qui pût l'empêcher d'être abſolument maître du prix ; & il eſt parvenu à les écarter & à les empêcher d'acheter *directement* des propriétaires. D'abord la perception du droit de brouage qui eſt de cinq livres par charge, c'eſt-à-dire ſouvent du tiers ou du quart du prix ordinaire en premiere main, celle du quart-bouillon, &c. lui donnent connoiſſance de tout ce qui peut être enlevé par les étrangers. Il eſt en droit de conteſter la quantité dont on a fait la déclaration, de faire décharger les barques pour faire contre-meſurer, de rebuter ainſi l'étranger par des délais affectés, de faire perdre le moment du départ, &c.

L'étranger qui ſe préſente n'eſt jamais ſûr de pouvoir enlever; il a toujours à craindre des retards, des difficultés, des conteſtations ſur les déclarations & ſur la meſure avec les prépoſés. On ne peut mieux s'y prendre pour parvenir à expulſer le commerce.

Auſſi nos ſels ſont-ils devenus *un pis-aller* pour les autres nations, tandis que par leur qualité elles les regardent comme ſi ſupérieurs à tous les autres.

La préférence qu'a le fermier ſur les étrangers pour ſes approviſionnements, le met encore à portée de ne leur permettre d'acheter que lorſqu'il le juge à propos. Il eſt toujours dans le cas d'arrêter un marché, en diſant que ſes approviſionnements ne ſont pas faits, & de laiſſer languir les propriétaires en les tenant en ſuſpens juſqu'à l'entrée de l'hiver, temps où la navigation eſt interdite, & où cette denrée qui ſe tranſporte à pleines barques, & non en ſacs, n'eſt plus voiturable.

Dans les années abondantes le débit ſe trouvant inſuffiſant par les meſures priſes pour écarter les étrangers, les propriétaires des marais n'ont d'autre reſſource que de mettre en pile, dans l'eſpérance qu'une révolution pourra leur procurer un meilleur prix. Il ſurvient une année médiocre, & ils ſont privés de leur attente. Le fermier, plus curieux du bas prix que de la qualité, préfere à vingt ſous par charge de meilleur marché les ſels nouveaux & inférieurs. Il y trouve le double avantage d'en débiter plus, parce qu'ils ſalent bien moins, & de forcer les propriétaires qui ont ſpéculé, à ſe relâcher ſur le prix qu'ils avoient lieu d'eſpérer.

On ne peut approcher des côtes qu'avec de petites barques ; comme le fermier les occupe habituellement pour ses approvisionnements, il s'en rend le maître, & leur refuseroit toute occupation s'ils servoient les étrangers sans sa permission.

Enfin le fermier, qui suivant l'esprit de l'ordonnance, devroit se contenter du privilege qui lui est affermé pour la vente dans le royaume, & laisser libre le commerce au dehors, s'en est emparé indirectement par les traités d'association qu'il a faits avec quelques négociants, qui deviennent ses commissionaires & ses agents : il leur facilite, par tous les moyens dont il dispose, l'achat exclusif du ſel, & ils s'obligent de le lui fournir à bas prix. C'eſt ce qu'a appris au public la conteſtation que les propriétaires des ſalines ont ſoutenue contre le fermier les années dernieres. On trouve, dans les mémoires qui ont été publiés, le détail des moyens que le fermier a mis en œuvre pour ſe rendre maître abſolu du prix, & écarter toute concurrence. On trouve, dans un de ces mémoires, que le fermier a ſtipulé de la part de ſes aſſociés, l'obligation de lui fournir pendant douze ans le ſel à raiſon *de dix-huit livres* le muid. A un denier la livre, ce ſeroit vingt livres le muid. Sur ce prix de dix-huit livres, il faut que l'aſſocié préleve les frais de transſport juſqu'à l'embarquement; il trouve ſans doute un bénéfice ſuffiſant dans le privilege d'être ſeul acheteur, dont le fermier le fait jouir.

Il ſurvient cependant des années de diſette, dans leſquelles les propriétaires dont le produit eſt réduit à rien dans les années ordinaires, veulent tenir la main & profiter des circonſtances. Que ne fait point alors le fermier pour leur ôter toute reſſource, & les priver de tout débouché! Il arrête leur marchandiſe, ſous prétexte qu'il en a beſoin; & ſans conclure de marché il les tient en ſuſpens, & ramaſſe à bas prix des ſels inférieurs, qui lui ſont d'autant plus avantageux, qu'ils ſalent moins. Enfin son but est d'empêcher les propriétaires de garder, de les forcer par le peu de fruit de leurs spéculations à lui vendre annuellement au prix qu'il veut y mettre, & d'en faire seul le commerce au dehors par lui ou ses associés. Il est facile de prévoir combien il est à portée de faire valoir ce commerce, de vendre à l'étranger le meilleur sel & le plus cher qu'il pourra, faute de concurrence, & de réserver pour les pays de gabelle le sel inférieur qu'il est toujours sûr de vendre au prix fixé, & dont il débite une quantité d'autant plus grande, qu'il est moins bon.

Mais sans entrer dans une plus

grande discussion des faits, il est des points si constants & si publics, qu'ils dispensent de tout examen.

1.° Nos sels sont les meilleurs qui existent, principalement pour les salaisons de chair & de poisson.

2.° De tout temps les étrangers s'en fournissoient en France par préférence.

3.° Les difficultés qu'ils ont éprouvées dans leurs achats, & qui n'ont fait que s'accroître & se multiplier de jour en jour, ont forcé les gens du nord d'aller chercher des sels mauvais & corrosifs, non seulement en Espagne & en Portugal, mais jusqu'en Sicile où il s'en vend tous les ans une quantité prodigieuse. Ils paient ces ſels plus chers que les propriétaires de nos ſalines ne vendent les leurs. C'eſt donc uniquement la contrainte, & les entraves miſes à ce commerce, qui les empêchent d'acheter ; & combien ne faut-il pas que les difficultés ſoient grandes pour les forcer d'acheter plus cher une marchandiſe très-inférieure & plus éloignée ? Les Hollandais tirent du ſel par l'évaporation au feu de bois ; il leur coûte trois & quatre ſous la livre ; ne préféreroient-ils pas d'acheter à deux ſous nos ſels, quand même le prix marchand & libre les porteroit à ce prix ?

4.° En tout genre la conſommation eſt la meſure de la production. Or la consommation en France est infiniment réduite. Elle est de trente-cinq, peut-être de quarante mille muids; elle devroit être de cent vingt, peut-être de cent cinquante mille muids; d'un côté celle des hommes pourroit doubler, tant par l'usage d'en mettre dans le pain que par l'augmentation des salaisons résultante de l'aisance que procureroit la suppression de cet impôt; de l'autre, l'exemple ancien d'une imposition de sel établie dans le Milanais en 1462 donne une idée de la consommation que pourroient faire les bestiaux en ce genre. En imposant à six livres de sel chaque tête d'homme au-dessus de sept ans, on imposa chaque piece de bétail à vingt-huit livres de ſel. L'impoſition ſur les hommes étoit aſſurément bien au-deſſous de la conſommation ordinaire. Il eſt à croire qu'on fixa également au-deſſous la conſommation des animaux. Qu'on juge par-là ſi j'exagere en portant à cent cinquante mille muids la conſommation poſſible du Royaume, qui n'eſt aujourd'hui que de trente à quarante mille muids.

5.° La conſommation des étrangers eſt preſque perdue en entier. On les a tellement fatigués & dégoûtés, qu'ils ſe ſont pourvus ailleurs. Mais la ſupériorité de nos ſels les rappelleroit bientôt. Si ce commerce devenoit libre, leurs achats feroient immenfes, tant pour l'ufage ordinaire que pour la pêche : on peut croire aifément qu'ils égaleroient le débit intérieur du royaume, & porteroient à trois cents mille muids la production annuelle de cette denrée.

6.° Si la confommation décide de la quantité de la production, elle décide auffi de fa valeur. Combien ne doit donc pas être réduite celle de nos fels dont le débit eft fi reftreint ? Mais il y a plus : au moyen des mefures qu'a pris le fermier pour être feul acheteur & arbitre du prix, le peu de cette denrée qui exifte encore, ne jouit pas en premiere main de la feizieme partie du prix qu'elle pourroit obtenir dans un état de liberté. L'on ne travaille cependant que pour se procurer un bénéfice ; l'on abandonne les entreprises infructueuses : & quel intérêt auroit-on de les étendre, lorsqu'à la modicité de l'avantage se trouvent réunis les desagréments les plus propres à décourager le travail ; les formalités, les inspections, les difficultés de toute espece, l'incertitude de pouvoir vendre, l'embarras de l'abondance, le bas prix dans la disette, l'inutilité de la garde, le peu de fruit des avances, &c.

7.° Aussi nos salines sont-elles abandonnées ; & cette branche de production si lucrative, est-elle presque anéantie. Toutes nos côtes attestent ce fait, & offrent de toute part des ruines de marais ſalants, autrefois entretenus, & détruits depuis qu'on les a rendus inutiles à la conſommation, & infructueux aux propriétaires. Croit-on que la culture des grains pût ſe ſoutenir, & que le revenu territorial ne fût pas anéanti, ſi l'on mettoit en ferme le droit de vendre le bled (il n'eſt guere plus néceſſaire que le ſel), & qu'on livrât les laboureurs pour la vente de leur production à la diſcrétion d'un fermier ? Comment a-t-on pu croire trouver de l'avantage à faire dans un genre une opération, dont la ſeule propoſition révolteroit dans un genre qui ne nous paroît différent que par l'habitude ? Plus la nature nous favoriſe en nous accordant le ſel à peu de frais, plus nous perdons de produit net en cette partie; puiſqu'en tout genre le produit net conſiſte dans l'excédent des frais.

Il eſt à croire que dans l'état de pleine liberté, le prix courant du ſel pourroit être de ſix liards la livre; ce qui établiroit à trois cents ſoixante livres le muid que les propriétaires ne vendent ſouvent aujourd'hui que dix-huit ou vingt livres dans les années d'abondance, & dans les années de diſette au prix qu'il plait au fermier d'y mettre au-delà. Trois cents mille muids vendus à ce prix, valent cent huit millions, dont cinquante-quatre millions pour la moitié vendue aux étrangers. Le ſel, malgré le bas prix où il eſt aujourd'hui, ſe fait au tiers pour le ſaunier, & aux deux tiers pour le propriétaire.

L'accrûe de valeur de cette denrée n'augmentant pas les frais de la production, il eſt à croire qu'il pourroit ſe faire aux trois quarts pour le propriétaire. Voilà donc quatre-vingt-deux millions de produit net en cette partie, ſur leſquels les propriétaires ſeroient chargés de l'entretien des marais, comme le propriétaire d'une métairie eſt chargé de l'entretien des bâtiments.

Réſumons la perte. 1.° Dans l'état actuel la conſommation du ſel qui pourroit être de trois cents mille muids, n'est peut-être que de soixante mille en y comprenant la vente à l'étranger. 2.° Ces soixante mille muids, à six liards la livre ou trois cents soixante livres le muid, formeroient un objet de vingt-un millions six cents mille livres. Mais le prix en premiere main, est infiniment moindre. En supposant que les propriétaires vendent en premiere main à soixante livres le muid (& il paroît que le fermier trouve moyen de l'avoir souvent à dix-huit & vingt livres) c'est cinq sixiemes de perte sur la valeur en premiere main, c'est trois millions six cents mille livres, au lieu de vingt-un millions six cents mille livres. La différence de l'état possible à l'état actuel en réuniſſant la perte ſur la quantité de la production à celle ſur le prix, eſt donc de cent quatre millions ſix cents mille livres dont il y auroit les trois quarts ou ſoixante-dix-huit millions de produit net. Que quelqu'un s'aviſe de me conteſter ce calcul ; s'il trouve que j'ai exagéré la conſommation poſſible, je veux bien en rabattre un tiers : ce ſera deux cents mille muids, qui à ſix liards la livre, vaudroient ſoixante-douze millions, dont cinquante-quatre millions de produit net.

Quel anéantiſſement de richeſſe ! & que la France a peu connu juſqu'ici les avantages de ſon territoire & de ſa ſituation ! La nature lui a donné en quelque ſorte, par privilege excluſif, la production du ſel: & elle a comblé ſes marais ſalants qui devroient approviſionner l'Europe. La nature a refuſé le vin à tous les pays du nord, & lui a donné des vins excellents, préférables pour l'uſage ordinaire à tous les vins du midi: & dans des temps de vertige elle a prohibé l'extenſion des vignobles, elle a mis des bornes aux dons de la nature, elle a arraché des vignes, & elle a ſurchargé le vin de droits ſi énormes & ſi innombrables, qu'on les croiroit établis en haine de cette production, & qu'ils équivaudroient à une interdiction de culture, ſi le Français étoit moins actif & moins courageux.

Je ne présenterai point de calcul particulier sur la perte que cause la gabelle au débit & à la valeur des sels fossiles de Lorraine, de l'Alsace, de la Franche-Comté, &c.; on peut y appliquer ce que j'ai dit du sel de mer. J'observerai seulement, 1.° que la ferme a le privilege exclusif de la vente de ces sels à l'étranger, qu'elle n'a pas *de droit* sur le sel marin, quoiqu'elle s'en soit presqu'entiérement emparée *de fait*. On m'a assuré aussi qu'elle s'étoit fait donner le droit de faire seule du sel dans les marais de Languedoc & de Provence.

2.° Que le sel de mer vaut mieux que les sels fossiles, & coûte probablement moins; que le bas prix où il feroit dans l'état de liberté pourroit peut-être permettre de l'établir dans nos provinces qui confinent l'Allemagne, à meilleur compte que ne peut y être le fel foffile, & de le vendre encore avec avantage à l'étranger malgré les frais de tranfport.

3.° Que quoi qu'il en foit, le débit de nos fels, foit de mer, foit foffiles, feroit bien plus confidérable qu'il ne l'eft pour la Suiffe, pour la Savoie & les bords du Rhin, fi le commerce en étoit libre.

4.° Que la ferme pour tirer un plus grand profit du privilege exclufif de cuire les fels, anéantit la valeur vénale des bois dans les provinces à ſalines, les ayant mis en prohibition pour s'en emparer par eſtimation ; autre perte très-réelle, & conſidérable pour le revenu territorial.

J'ai porté à trois cents mille muids la conſommation poſſible de nos ſels, tant dans l'intérieur qu'à l'étranger ; j'y comprends les ſels foſſiles, & dans le produit de cent huit millions le produit total en ſel tant de mer que foſſile.

ARTICLE SECOND.

Perte ſur la pêche & les ſalaiſons.

LA pêche eſt aſſurément un objet de la plus grande importance, & une ſource de richeſſes; elle eſt l'école des matelots, &

l'apprentiſſage de la marine. On ne peut donc trop la favoriſer à tous égards, c'eſt-à-dire la laiſſer libre ; car le gouvernement ne doit point d'autre faveur que celle-là à tous les genres de travaux, & c'eſt la plus grande qu'il puiſſe accorder.

On ne peut lire le titre 15 de l'ordonnance, ſans être étonné qu'il ſe trouve encore des pêcheurs, & qu'il ſe conſomme encore en France du poiſſon ſalé ; tant ce titre exige de formalités, de déclarations & de viſites, ſoit pour la délivrance du ſel au départ, ſoit pour l'entrée du poiſſon au retour de la pêche. N'eſt-il pas plus ſûr de ne point envoyer à la pêche, que de courir les riſ-

ques

ques auxquels la moindre inadvertance expoſe de la part des commis ? On diroit, à la lecture de tous les articles, que le vœu du Légiſlateur auroit été d'interdire abſolument la pêche, & que ce n'eſt qu'à regret qu'il ſe voit forcé de la permettre, tant il y appoſe de précautions & d'entraves.

Art. 1. On ne délivre le ſel que par poids & par meſure, en vertu de déclarations faites au commis du lieu du départ, lequel délivre un congé, qui doit être repréſenté au commis étant ſur les marais; celui-ci donne un certificat de la quantité délivrée, qu'il faut repréſenter au retour, & ſe ſoumettre à ne pas prendre d'autre route que celle mentionnée au certificat, à peine de confiſcation, de trois cents livres d'amende, & de reſtitution des droits de gabelle. Un coup de vent qui ſurviendroit ſans miracle, peut faire encourir au pêcheur ces trois peines cumulées.

Art. 3. Défenſes ſous les mêmes peines à tous marchands français ou étrangers d'apporter en France aucun poiſſon en baril, &c., dans lequel il y ait plus de ſel qu'il n'en eſt beſoin pour ſa conſervation. Source indéfinie de conteſtations & de procès entre le marchand qui ſoutiendra qu'il n'y a pas trop de ſel, & le commis qui prétendra qu'il y en a trop : & ſi le commis l'emporte, voilà la marchandiſe confiſquée, & le marchand condamné à trois cents livres d'amende & à la reſtitution des droits de gabelle.

On pourroit croire que l'art. 3 ſuffiſoit pour empêcher l'introduction du poiſſon trop ſalé. L'art. 4 aſſujettit ſous les mêmes peines les marchands à donner dans les vingt-quatre heures de leur arrivée deux déclarations, l'une aux officiers des greniers à ſel, l'autre au commis, du nombre de barils, qui ſeront à l'inſtant déchargés en préſence du commis, viſités *& ouverts par les deux bouts*, marqués d'un fer chaud, & inventoriés, *& ſera le ſel ſuperflu jeté comme immonde*. Prendroit-on plus de précautions s'il s'agiſſoit d'introduire une marchandiſe capable d'apporter la peſte? Et s'il plait au commis de juger ſel *ſuperflu* ce qui eſt néceſſaire à la conſervation du poiſſon, le marchand ne court-il pas riſque de voir ſa marchandiſe ſe corrompre?

Art. 5. Ne pourront les barils après la viſite être enlevés ſans que le marchand ou celui auquel il aura vendu en gros, n'ait donné de même deux déclarations de la quantité qu'il entend enlever, & du lieu de la deſtination, avec acquit à caution de rapporter le certificat des officiers & commis de la décharge qu'il en aura faite.

Art. 6. Le poiſſon, quoique déjà bien viſité à ſon arrivée dans les ports de mer, eſt-il arrivé au lieu de ſa deſtination, pareilles déclarations ſous les mêmes peines aux officiers & commis ; & la viſite eſt encore bien plus exacte, & peut-être eſt-elle capable d'éventer la marchandiſe ; car il eſt ordonné que le poiſſon ſoit tiré l'un après l'autre, *& le ſel ſuperflu jeté comme immonde.* Il eſt à croire qu'après toutes ces épreuves le poiſſon doit être bien purifié de ſel, & qu'il ne s'en garde pas mieux.

Les art. 7 & 9 reglent la quantité de ſel jugée néceſſaire pour les différentes ſortes de ſalaiſons.

Les art. 12 & ſuiv. preſcrivent les formalités à obſerver pour la ſalaiſon des maquereaux au retour de la pêche, & le temps qu'ils doivent reſter dans le ſel. Défenſe de leur mettre aucun ſel dans le ventre ni entre les lits; permis ſeulement de les ſaupoudrer *légérement* d'une livre & demie par baril. Défenſe de les mettre en barils hors la préſence du commis; & quoique le commis ait aſſiſté à l'emballage, & contre-marqué les barils, défenſe de les tranſporter de la maiſon des ſaleurs qu'en vertu du congé du commis, ſur la déclaration ſignée des vendeurs & des acheteurs, ou s'ils ne ſavent pas ſigner, d'un Notaire & de deux témoins, contenant la quantité, qualité, & le lieu de la deſtination; leſquels congés ſeront rapportés par les marchands pour être vérifiés par le commis.

Les art. 18, 19, 20, 21 & 22, ordonnent encore d'autres déclarations ſemblables. L'art. 23 permet, pour l'exécution du contenu en tous les articles de ce titre, toutes viſites & recherches, tant aux officiers qu'aux commis, durant la ſaiſon des pêches.

Qu'on juge, par ces diſpoſitions, du préjudice que l'impôt du ſel porte à nos pêches, de la quantité de richeſſes & de moyens de ſubſiſtance dont il nous prive, & de l'accroiſſement que procureroit la ſuppreſſion de la gabelle à la pêche & à la marine.

Je ne haſarderai aucun calcul; un objet de perte auſſi immenſe n'a besoin que d'être indiqué [*].

Les art. 25, 26 & 27 prescrivent les formalités sous lesquelles on peut faire entrer des beurres salés dans les pays de gabelle. L'art. 24 défend d'y introduire aucuns beurres dans lesquels il y ait aucun sel net & en nature. L'art. 28 défend l'introduction des lards & chairs salées, & n'excepte que les jambons de Bayonne & Mayence avec des passeports. Cette exception est une grande preuve de leur bonté.

---

[*] On peut croire de même que les droits considérables sur la marée fraîche, en mettant des bornes à la consommation, restreignent encore prodigieusement la pêche sur nos côtes.

ARTICLE TROISIEME.

Perte ſur les beſtiaux & ſur la culture.

CET objet eſt un de ceux ſur leſquels il faut ſe contenter de préſenter des réflexions générales, ſans entreprendre de les ſoumettre à aucun calcul : & où prendroit-on les éléments du calcul néceſſaire pour évaluer cette perte, dont les ſuites ſont ſi étendues & ſi multipliées ?

Le ſel eſt devenu ſi cher qu'une grande partie du peuple eſt forcée d'épargner ſur l'uſage de cette denrée. Il à fallu, pour faire valoir la gabelle, fixer la conſommation, la convertir en impôt, & *contraindre, ſous des peines ri-*

goureuſes, à remplir un beſoin de la nature. Mais on n'a pu ſoumettre la conſommation des animaux aux mêmes loix. Ç'auroit été ordonner leur proſcription; leur dépenſe en ſel eût été ruineuſe, & pour ſe ſouſtraire à l'impôt on eût renoncé à en élever. Il a fallu laiſſer leur conſommation libre; & le haut prix du ſel l'a interdite. Qui eſt-ce qui eſſayera de donner du ſel à ſes beſtiaux à douze ſols la livre? Qui-eſt-ce qui leur en donnera même à ſix ſols, ſi ce n'eſt par forme de remede? Cependant le ſel eſt auſſi néceſſaire aux animaux qu'aux hommes. Il contribueroit à leur ſanté & à leur engrais, il les préſerveroit d'une infinité de maladies, il rendroit moins dangereux les pâturages humides qui causent si souvent la pourriture ; & en prévénant les mortalités il procureroit la multiplication de l'espece.

La perte que cause la gabelle sur les bestiaux ne peut être considérée qu'en général, & doit l'être sous divers rapports. 1.° Les bestiaux sont par eux-mêmes une branche très-considérable de richesses ; leur chair, leur peau, leur toison, tout est précieux : leur perte est donc à cet égard un objet très-important. 2.° Les bestiaux sont les coadjudants nécessaires de la culture, les uns par leurs travaux, & tous par les engrais qu'ils fournissent. Leur mortalité cause donc un dommage qui retombe ſur la culture, & diminue la quotité de la reproduction.

3.° L'expérience prouve que l'uſage du ſel fait produire aux moutons beaucoup plus de laine & plus belle : quelle perte ſur un ſi grand objet!

4.° Les bords de la mer ſont pour la plupart propres uniquement au pâturage, & peu à la culture ; & l'on défend de faire paître les beſtiaux à trois lieues de ces rivages. Quelle étendue de terrein perdue, & quel nombre de beſtiaux!

Tout ce que je me permettrai de penſer à cet égard, c'eſt que la perte que la gabelle cauſe ſur les beſtiaux ſurpaſſe infiniment celle qu'elle cause sur la quantité & la valeur de nos sels, ainsi que sur nos pêches. En effet ces articles, quoique très-importants, sont des objets particuliers ; la culture est un objet général & universel : les autres parties de produit sont comme des ruisseaux ; la culture est un grand fleuve.

ARTICLE QUATRIEME.

Perte qu'a causé la gabelle sur les avances de la culture ; & régénération des avances en conséquence de sa suppression.

Des soixante-dix-huit millions que coûte la gabelle à la nation en dépense *directe* annuelle, il en est au moins quarante millions qui portent ſur la claſſe des cultivateurs en premier, ſecond & troiſieme ordre, c'eſt-à-dire ſur les entrepreneurs de la culture, & ſur les agents médiats ou immédiats, dont ils paient les ſalaires plus cher à raiſon de la contribution que ceux-ci paient à la gabelle. Un charretier ou berger eſt nourri par ſon maître; mais il a une famille pour laquelle, en la ſuppoſant de quatre perſonnes, il dépenſe quarante-huit livres de ſel, qui lui coûtent trente livres. N'eſt-il pas évident que la dépenſe qu'il fait en ſel ne diminuant pas ſes autres beſoins, l'entrepreneur de culture qui le tient à ſon ſervice eſt forcé de lui payer de plus forts ſalaires en raiſon de cette dépense? Il faut en dire autant du charron, maréchal, bourrelier, & de tous les agents de l'induſtrie que la claſſe des cultivateurs emploie & ſalarie.

On peut croire au premier abord que l'article de perte que je préſente ici eſt un double emploi; qu'ayant porté à ſoixante-dix-huit millions la ſomme que coûte la gabelle à la nation en dépenſe directe, la portion de cette dépenſe qui tombe ſur la claſſe des cultivateurs, ne doit pas être calculée à part, parce qu'elle eſt compriſe dans la ſomme totale, tout ainſi que la claſſe des cultivateurs eſt compriſe dans la nation. On aura raiſon ſous ce point de vue: auſſi n'eſt-ce point celui que je présente ici. J'ai évalué dans le premier chapitre la dépense directe : je considere dans celui-ci *la perte que cause la gabelle en anéantissement de richesses qu'elle a détruites, & que sa supression feroit renaître.* J'ai considéré dans le premier chapitre l'effet de la gabelle *sur le revenu existant*; j'examine ici son effet *sur le revenu possible* [*].

La dépense directe en sel coûte aujourd'hui à la nation soixante-dix-huit millions de son revenu *existant*, & très-effectif, puisque cette somme est très-réellement enlevée par la gabelle, la contre-

[*] Voyez ce qui a été dit sur cette distinction dans la Dissertation préliminaire.

bande, les frais, &c. De ces soixante-dix-huit millions la classe des cultivateurs dans l'une & l'autre culture en supporte bien quarante. Je les réduis à trente, pour me trouver toujours plutôt au-dessous qu'au-dessus du vrai. Mais par l'ordre des choses cette classe, qui n'est propriétaire que de ses reprises à prélever sur la récolte précédente, & destinées à faire renaître la suivante, ne doit rien à l'impôt. Toute charge étrangere ne fait autre chose qu'augmenter ses reprises, au préjudice du revenu qu'elle payeroit, & qu'on la met dans l'impuissance de payer. *Tel est l'effet simple de tout impôt indirect permanent.*

Mais la gabelle (ainsi que tous

les autres impôts indirects) a éprouvé des *accroiſſements ſucceſſifs* qui l'ont portée au point où elle eſt ; & tous ces accroiſſements étant ſurvenus pendant le cours des baux, ont eu ſur les avances productives l'effet *ſpoliatif* qu'a ſur elles tout accroiſſement d'impôt indirect.

C'eſt cet effet dont il s'agit ici ; il doit être bien diſtingué de l'effet *ſimple* de l'impôt indirect *permanent* : celui-ci porte ſur le revenu exiſtant, par forme de prélévement ; & quoique le Souverain ne reçoive qu'une partie de la ſomme levée plus ou moins grande ſuivant le genre de l'impôt, il en tire toujours pour le moment une richeſſe quelconque. Mais l'effet de l'impôt indirect *survenant* est de détruire le revenu avant qu'il existe, par l'atteinte qu'il porte aux avances productives: & comme il agit par forme d'anéantissement, son effet ne peut tourner au profit de personne. En deux mots, l'*impôt indirect permanent* enleve, par exemple, deux pieces de vin: le Souverain n'en reçoit qu'une; mais les deux n'en sont pas moins consommées dans la société. L'impôt spoliatif coupe la vigne par le pied.

C'est d'après les principes que j'ai établis dans la Dissertation préliminaire, n.os 38, 39 & 40, qu'il faut considérer l'effet spoliatif de la gabelle sur les avances productives, à chacun de ses accroisſements depuis qu'elle exiſte. Mais comme ces accroiſſements ont été ſucceſſifs, il n'eſt pas poſſible d'évaluer l'effet qu'a dû cauſer chacun d'eux en particulier. Il faut ſeulement ſe rappeller la diſtinction que j'ai faite entre la culture affermée & la culture à moitié, par rapport à la charge de l'impôt indirect en général. L'une & l'autre culture ont reſſenti l'effet ſpoliatif de l'impôt imprévu à chacun de ſes accroiſſements depuis ſon origine. Mais la culture affermée ne l'a éprouvé que durant le reſtant de chacun des baux, pendant le cours deſquels ſont ſurvenus ces accroiſſements : au renouvellement de leurs baux, les fermiers ont été à portée d'en faire déduction aux propriétaires: tandis que dans la culture à moitié les metayers, toujours réduits à leur moitié, sont restés éternellement chargés de l'impôt sans pouvoir jamais s'en indemniser sur le propriétaire. C'est ce qui a détruit les avances de cette culture, & l'a rendue si pauvre & si peu fructifiante.

S'il est difficile de présenter le calcul de chacune des dégradations qu'a dû causer la gabelle sur les avances de la culture, parce qu'elles sont survenues insensiblement; il est facile, & il sera plus agréable d'offrir le tableau de la régénération des avances & du revenu, qui résulteroit de la suppression de cet impôt.

La différente condition de la culture affermée & de la culture à moitié pourroit exiger un calcul différent. Mais comme je me propoſe ici pour objet principal de fixer le lecteur ſur l'importance des avances productives, & ſur l'avantage & la poſſibilité de leur régénération ; j'établirai le calcul du bénéfice de la ſomme entiere ſur la culture affermée, comme ſi toute la culture l'étoit. Je me contenterai de préſenter enſuite quelques réflexions ſur la culture à moitié.

§. 1. *Effet de la ſuppreſſion de la gabelle ſur la culture affermée.*

La gabelle, dans ſon origine & dans ſes progrès, a opéré une dégradation ſucceſſive dans les avances de la culture par l'effet des augmentations imprévues, qui ſurvenant pendant le cours des baux à ferme, n'ont pu ſe placer que ſur les avances. Sa ſuppreſſion produiroit l'effet inverſe. Les fermiers aujourd'hui font déduction aux propriétaires ſur leur revenu, de ce que leur coûte la gabelle. La ſuppreſſion arrivant, ils continueroient pendant le reſtant de leurs baux, de leur faire cette déduction ; *& ce bénéfice imprévu* contribueroit à réparer leurs avances, comme *l'impôt imprévu* les a dégradées; de maniere que la ſomme exigée d'eux aujourd'hui pour la gabelle & par eux déduite ſur le revenu, ne ſe réuniroit au revenu des propriétaires qu'au renouvellement de chaque bail, & par l'effet de la concurrence entre les fermiers qui les force d'offrir aux propriétaires ce que les circonſtances du moment leur permettent d'accorder.

Dans une nation où la culture eſt dégradée, ce ſont principalement les avances primitives qui manquent. Le retranchement eſt bien moindre ſur les avances annuelles, qui ſe ſoutiennent en anticipant de plus en plus ſur le revenu. C'eſt donc principalement en régénération d'avances primitives que tourneroit le bénéfice imprévu de la ſuppreſſion de la gabelle, c'eſt-à-dire en achat & éducation

éducation de beſtiaux, en renouvellement des eſpeces, en établiſſement de prairies, en chevaux, en inſtruments, &c. La quotité du produit net dépend de l'état de ce fonds primitif. Sans lui les avances annuelles ne feroient que ſe régénérer ſans donner de produit net : car l'homme ſe trouveroit réduit à ſes bras. C'eſt donc en raiſon des avances primitives, que les avances annuelles ſe trouvent plus ou moins fructifiantes.

Suivant les obſervations des gens les plus inſtruits, toute ſomme ajoutée à des avances primitives trop foibles, doit donner une augmentation de produit de cinquante pour cent de ſon montant, outre l'intérêt de la mise à dix pour cent. Pour ne rien forcer, je ne ferai point entrer cet intérêt dans le calcul, quoiqu'il fasse partie de la reproduction. Mais je dois remarquer que dans ces trente millions de bénéfice je ne comprends que la portion de dépense *directe* à la gabelle que supporte aujourd'hui la classe des cultivateurs & qu'elle gagneroit à sa suppression, comme le reste de la société gagnera le surplus. Mais il est un article particulier à la classe des cultivateurs : c'est le bénéfice qui résultera de l'usage du sel pour les bestiaux, article très-important tant pour leur conservation que pour leur qualité, &

dont j'ai parlé ci-dessus. En joignant ces deux bénéfices, on doit sentir que dans l'évaluation de trente millions je reste bien au-dessous du vrai. Or trente millions d'épargne gagnés par la suppression de la gabelle, & convertis en avances primitives, donnent quinze millions de produit dès la premiere année. Les fermiers, dont les baux ne feront que commencer lors de la suppression de la gabelle, jouiront pendant neuf ans entiers du bénéfice de la suppression & de tous les accroissements de ce bénéfice. Les autres en jouiront plus ou moins long-temps suivant la durée de leurs baux. Je prendrai donc cinq ans pour moyen terme de la durée de tous les baux, pendant lesquels je supposerai que la totalité des fermiers jouira de la totalité du bénéfice : & quoique le vrai terme moyen ne soit rigoureusement que de quatre ans & demi, on doit sentir que dans le fait il est même trop court à cinq ans, parce que dans les commencements de l'opération les fermiers n'ayant pas encore fait l'expérience du bénéfice que leur procurera la suppression, refuseront de faire une augmentation proportionnée, & conserveront ainsi une partie de ce bénéfice qui ne restera pas oisif entre leurs mains. Ainsi pendant cinq ans révolus, que je prends pour moyen terme, les fermiers ne payeront pas un plus gros fermage en raiſon de ce *bénéfice imprévu*. Les fruits de ce bénéfice confiés à la terre, deviendront donc entre leurs mains un capital, qui joint aux trente millions que continuera de leur valoir par année la ſuppreſſion de la gabelle, & toujours converti en avances primitives & fructifiantes à cinquante pour cent, s'accumulera par une progreſſion rapide, dont voici le tableau.

Premiere année. Trente millions de bénéfice réſultant de la ſuppreſſion de la gabelle, ci . . . . . 30,000,000 l.

Seconde année. Ces trente millions convertis en avances

De l'autre part . .	30,000,000 l.
primitives, reproduisent à cinquante pour cent, non compris les intérêts à dix pour cent du capital. . .	15,000,000.
A quoi il faut ajouter pour la continuation du bénéfice de la suppression . . . . ,	30,000,000
TOTAL du bénéfice des deux premieres années.	75,000,000.
Troisieme année. Ces soixante-quinze millions d'avances primitives reproduisent de même à cinquante pour cent	37,500,000.
A quoi il faut ajouter pour la continuation du bénéfice de la suppression. . .	30,000,000.
TOTAL du bénéfice des trois premieres années	142,500,000.

Quatrieme année. Ces cent quarante-deux millions cinq cents mille livres reproduisent de même à cin-

Ci-contre . . .	142,500,000 l.
quante pour cent.	71,250,000.
A quoi il faut ajouter pour la continuation du bénéfice de la suppression . .	30,000,000.
TOTAL du bénéfice des quatre premieres années. . .	243,750,000 l.
Cinquieme année. Ces deux cents quarante-trois millions sept cents cinquante mille livres reproduisent de même à cinquante pour cent.	121,875,000.
A quoi il faut ajouter pour la continuation du bénéfice de la suppression. . .	30,000,000.
TOTAL du bénéfice des cinq années prises pour moyen terme des baux de neuf ans.	395,625,000.

Ces quatre cents millions environ formeroient, après le renouvellement de tous les baux, un fonds ſubſiſtant d'avances primitives acquis pour toujours à la culture ; mais dont enſuite les fruits annuels réunis au revenu en faveur des propriétaires au renouvellement des baux, l'augmenteroient annuellement de deux cents millions, auxquels il faudroit ajouter de même annuellement trente millions, dont aujourd'hui les fermiers font déduction aux propriétaires pour la gabelle, & qu'ils verſeroient entre leurs mains ; & ſi à chaque renouvellement de bail pendant les neuf premieres années, les fermiers ne donnoient pas exactement aux propriétaires tout cet accroiſſement de produit net, tant mieux; ce qu'ils en pourront conſerver fructifiera entre leurs mains, & aux baux ſuivants ſe retrouvera avec uſure au profit des propriétaires. Il eſt d'ailleurs un bénéfice réſultant de la ſuppreſſion de la gabelle, qui après l'expiration des baux, reſtera toujours au profit des fermiers; c'eſt celui qui procede de l'uſage du ſel pour les beſtiaux.

TOTAL de l'accroiſſement du revenu après le renouvellement des baux . . . . . . 230,000,000 l.

Sur quoi la portion du Souverain fixée au ſixieme, lui donneroit en impôt direct qui ne détruit rien . . . . . . 38,300,000 l.

Il eſt bon d'avoir donné une idée de ce qu'opere ſur la reproduction & le revenu, un accroiſſement d'avances primitives. Je n'ai pas prétendu établir ici le calcul exact des effets de cette opération ſur la culture. Il ne pourroit l'être qu'autant que toutes les conditions que j'ai ſuppoſées auroient lieu; c'eſt-à-dire que tous les fermiers ou les propriétaires qui font valoir, verſeroient à la terre tout ce bénéfice avec ſon produit annuel; qu'on n'exigeroit point de la claſſe des cultivateurs & de leurs ſalariés d'impôt de remplacement, ce qui n'eſt guere poſſible; que tous les ſalaires des gens employés au ſervice de cette claſſe diminueroient en raiſon de la ſuppreſſion de cette dépenſe, ce qui ne peut ſe faire tout de ſuite, &c. Mais quelque choſe qui arrive, on doit toujours concevoir combien cette ſuppreſſion ſeroit avantageuſe à la culture : & quand par ces diverſes conſidérations, on voudroit réduire à moitié le réſultat de ce tableau, il ſe trouveroit toujours au bout de neuf ans deux cents millions d'avances acquis à la culture, qui à cinquante pour cent donneroient cent millions de revenu, non compris les trente millions gagnés par la ſuppreſſion de l'impôt lui-même.

§. 2. *Effet de la suppression de la gabelle sur la culture à moitié.*

On voit par ce calcul combien le progrès de la régénération feroit rapide. Il feroit tel, si toute la culture étoit affermée ; il le fera moins pour la culture à moitié, parce que dès la premiere année, elle partagera l'accroissement avec le propriétaire. Or c'est cet accroissement accumulé pendant plusieurs années, toujours converti en avances primitives ajoutées à celles que possede déjà la culture affermée, qui forme cette progression si prompte & si avantageuse ; mais l'effet sera aussi très-sensible sur la petite culture. Si la ſuppreſſion de cet impôt eſt capable d'améliorer & de perfectionner la bonne culture & la médiocre, elle régénérera la mauvaiſe. Il y a dans l'une & dans l'autre bien des degrés différents, qu'il ſeroit difficile de parcourir : il ſuffit de remarquer que le dernier état de la culture eſt celui où elle eſt le plus dénuée d'avances. L'impôt a enlevé peu à peu les avances primitives. Le propriétaire a été obligé de les faire, & il les a fait avec la plus grande épargne. L'impôt s'eſt accru, les avances annuelles ont été entamées, & la reproduction s'eſt anéantie par degrés ; de ſorte que le cultivateur n'a eu d'autre reſſource que de ſe réduire à la ſubſiſtance la plus groſſiere & la plus mal-ſaine, & de laiſſer en friche la moitié ou les deux tiers du terrein. Par ce moyen la terre a été en quelque ſorte convertie en avances, & les friches ont ſervi à la nourriture des beſtiaux, que la culture reſſerrée dans des bornes fort étroites ne pouvoit entretenir. Tel eſt le dernier état de la culture, qui comprend la majeure partie de la culture à moitié. A examiner les choſes à la rigueur, il eſt vrai de dire que dans cet état elle ne donne plus proprement de produit net. Ce qu'elle paroît fournir de revenu au propriétaire, eſt en grande partie l'intérêt de ſes avances, & le ſurplus eſt retranché ſur la ſubſiſtance du cultivateur & de ſa famille.

Il eſt évident que cette culture ſi pauvre, ſi dépourvue d'avances annuelles, & encore plus d'avances primitives, trouvera un ſoulagement conſidérable dans la ſuppreſſion de l'impôt indirect. Elle acquerra des forces peu à peu, elle étendra ſes travaux en raiſon de ſes facultés; la reproduction devenue plus abondante donnera au propriétaire le courage & la faculté d'ajouter aux avances primitives, d'établir des prairies, de multiplier les beſtiaux, de perfectionner leur race. Les métayers qui commenceront à tirer quelques fruits de leurs travaux, ſeconderont les propriétaires, qui les voyant plus actifs & moins pauvres, feront moins de difficulté de leur confier de plus fortes avances. Plusieurs métayers pourront s'élever peu à peu à la condition de fermier, en commençant par de petites entreprises. Il faut observer aussi que dans la mauvaise culture il y a bien des cultivateurs qui sans mieux faire que les autres prennent des propriétaires un troupeau à chetel mort, & qui afferment à fort-fait tant les terres que le profit du troupeau. Ces sortes de fermiers gagneront pendant le restant de leurs baux le bénéfice & tous les accroissements.

Il est donc vrai de dire en général que la suppression de la gabelle produira en quelque ſorte un plus grand effet ſur cette mauvaiſe culture que ſur la bonne & ſur la médiocre : car celles-ci exiſtent déjà, au lieu que l'autre eſt preſque nulle & qu'il s'agit de la créer. Ce n'eſt pas que la ſuppreſſion de la gabelle ſuffiſe pour opérer ſeule un ſi grand effet ; mais elle y contribuera beaucoup en tant que la dépenſe en ſel eſt très-conſidérable pour des gens qui ont ſi peu à dépenſer. Et ſi l'on avoit commencé à reſſentir les effets ſalutaires de cette opération, ne peut-on pas eſpérer qu'elle ſerviroit d'exemple & de motif pour achever & conſommer la réforme par la ſuppreſſion ſucceſſive de tous les autres impôts indirects ?

Si quelque chose est capable de retarder les bons effets de la suppression de la gabelle, & du tabac (dont je vais parler), c'est l'arbitraire de la taille & sa variation. C'est principalement dans la petite culture devenue par la misere si timide & si peu entreprenante, que s'est enraciné ce fatal préjugé que quiconque annonce plus d'aisance, & se distingue ou par une meilleure culture ou par une consommation moins resserrée, en est puni par une augmentation de taille. Rien n'est si urgent que de déraciner ce préjugé, qui n'a été que trop affermi par l'expérience, & qui a porté un terrible obstacle à l'amélioration. S'il est encore trop tôt pour entreprendre la réforme entiere de l'impôt, si les esprits n'y sont pas encore suffisamment préparés par la connoissance des principes, si d'ailleurs cette opération ne peut être conduite à sa perfection que successivement & par degrés ; ne pourroit-on pas en attendant fixer la taille sur les rôles actuels, de maniere qu'elle ne variât plus ni de généralité à généralité, ni d'élection à élection, ni de paroisse à paroisse, ni autant qu'il seroit possible de particulier à particulier ; & si une fois elle étoit fixée par paroisse, il n'y auroit presque plus lieu à variation de particulier à particulier. On doit sentir combien le bénéfice de la suppreſſion de la gabelle & du tabac faciliteroit cette opération, en rendant infiniment moins néceſſaires les décharges pour cauſe d'accident ou pour cauſe de réparations aux égliſes & aux presbyteres.

On peut remarquer à ce ſujet que lorſqu'il ſurvient des lettres d'aſſiette dans une paroiſſe, on la décharge à la vérité d'une partie de ſa taille qu'on reporte ſur d'autres & qui forme pour elles un impôt imprévu. Mais la paroiſſe affligée de lettres d'aſſiette en ſupporte la très-grande partie, dont les deux tiers ſe paient par les propriétaires, & un tiers par les fermiers. Ainſi il eſt vrai de dire que ces réparations ſe font au tiers aux dépens des avances annuelles ou du fonds des avances primitives. De même lorſqu'il ſurvient une guerre on augmente de huit ou dix millions les acceſſoires de la taille. Ce n'eſt pas faire la guerre ſur ſon revenu, c'eſt la faire *ſur ſon fonds*, & ſur le ſeul fonds productif de richeſſes. Mais on n'a jamais fait attention à la nature & à l'importance des avances productives. On n'a jamais diſtingué dans la reproduction ce qui eſt diſponible & ce qui ne l'eſt pas.

§. 3. *Autres effets de la ſuppreſſion de la gabelle.*

TOUT le bénéfice que gagneront les cultivateurs à la ſuppreſſion, ſera par eux converti en avances; ils n'ont d'autre emploi de leurs richesses qu'à la terre. Les propriétaires, de leur côté, trouveront aussi un bénéfice considérable tant dans la diminution de leur dépense personnelle en sel que dans la réduction des salaires qu'ils paient à l'industrie, & qui sont aujourd'hui renchéris par cette dépense : peu d'années après ils trouveront encore un bénéfice bien plus considérable dans l'accroissement de leur revenu, qui naîtra du rétablissement des avances. Croit-on qu'ils n'emploieront pas une partie de cette épargne & de ces profits en améliorations de toute espece, en défrichements, en plantations, &c.? Nouvelle source de revenu : car on ne porte point de richeſſes à la terre ſans en tirer un excédant au-delà de la miſe.

Il eſt une claſſe de propriétaires qui verſeront bien ſûrement toutes leurs épargnes & leurs profits à la terre. Ce ſont tous les vignerons, journaliers, chartiers de labour, bergers, &c. En même temps qu'ils ſervent les laboureurs & les propriétaires, la plupart d'entre eux ont un petit héritage (& l'on ne peut trop favoriſer ces petites poſſeſſions que dans une infinité de cantons la féodalité & *le droit de franc-fief* [*a*] empêchent ou rendent fort onéreuſes).

[*a*] L'impôt du franc-fief n'entre pas pour plus de deux millions dans le bail des fermes, & le préjudice qu'il cauſe eſt incroyable.

Tous ces gens là auront une vache de plus & fumeront mieux. Ils éleveront deux porcs, vendront l'un & saleront l'autre pour eux (ce que souvent ils n'osent faire aujourd'hui, même lorsqu'ils le peuvent). Ces objets peu considérables en eux-mêmes, mais prodigieusement multipliés, formeront un capital immense de richesses.

La

C'est peut-être l'impôt le plus vicieux. Il enleve une année entiere du revenu, & cela à toute mutation, & en outre tous les vingt ans; & il détourne une infinité de gens d'acquérir des héritages.

Des gens imbécilles & incapables de voir au-delà de leurs principes factices, croiront opposer un moyen péremptoire contre la suppression de cet impôt, en disant que *c'est un droit domanial très-ancien.* Qu'il soit ce qu'il voudra, il s'agit d'en juger par ses effets.

La gabelle aujourd'hui, en la regardant même comme impôt permanent, a essentiellement & continuellement un effet spoliatif des avances par la mortalité que cause aux bestiaux l'interdiction de l'usage du sel. Cette mortalité & la moindre valeur des bestiaux qui existent, dégradent annuellement les avances & nuisent au revenu. La cessation de cette cause d'appauvrissement ne donneroit-elle pas encore un accroissement de richesses, comme je l'ai déjà remarqué?

Tous les genres de culture se ressentiront du bénéfice de la suppression de la gabelle; car il n'en est point qui n'exige plus ou moins d'avances. Celle de la vigne se perfectionnera & s'étendra, non seulement à raison du bénéfice, mais aussi à raison de la plus grande consommation & de la valeur plus favorable du vin que procurera l'épargne sur le prix du sel. Or la culture de la vigne est la plus fructifiante & la plus favorable à la population.

Enfin le sel seroit par lui-même un des engrais le plus efficace. La principale action des autres, résulte des parties de sel qu'ils contiennent. Combien le sel marin semé sur les terres ou mêlé dans les fumiers ne répandroit-il pas de fécondité, principalement dans les terres froides & pesantes ?

LES EFFETS DE L'IMPÔT INDIRECT,

PROUVÉS par les deux exemples de la Gabelle & du Tabac.

SECONDE PARTIE.

DU TABAC.

LE Tabac n'eſt pas une denrée néceſſaire par elle-même ; mais elle l'eſt devenue par l'habitude ; ce qui revient au même *quant à l'effet*, c'eſt-à-dire quant à la dépenſe.

La dépenſe n'eſt point dans un Etat une cauſe d'appauvriſſement. On ne tire de la terre les productions que pour les conſommer ; & plus on en conſomme, plus on en tire. La dépenſe eſt le but & le terme de tous les travaux ; elle eſt en même temps la meſure des productions qui, lorſqu'aucune inſtitution humaine n'arrête le cours de l'ordre phyſique, ſe proportionnent toujours avec elle. Prêcher à une grande nation agricole l'économie dans ſa conſommation, c'eſt lui conſeiller de laiſſer en friche une partie de ſon territoire, de réduire ſa culture, & de mettre des bornes à ſa population. Il ne faut donc pas regarder l'introduction de l'uſage du tabac comme un mal économique ; car c'eſt acquérir une nouvelle ſource de richeſſes que de découvrir une propriété uſuelle qui donnera de la valeur à une production qui juſques-là n'en étoit pas ſuſceptible : c'eſt créer une nouvelle culture, & donner l'être à un accroiſſement de population, qui par le moyen de l'échange trouvera moyen de vivre ſur ce nouveau produit, dans un pays ſur-tout où de long-temps la terre ne manquera à la culture.

Mais pour tirer ces avantages de l'uſage du tabac, il falloit en permettre la production, il falloit en laiſſer le débit libre, de maniere qu'il n'eût d'autre valeur que la ſienne propre déterminée par toutes les circonſtances qui dans l'ordre naturel des choſes fixent la valeur ou le rapport d'échange de toutes les productions entre elles.

Dans l'état actuel l'uſage du tabac eſt un mal. Il occaſionne & néceſſite à la nation une dépenſe conſidérable dont il lui eſt défendu de tirer la matiere de ſon territoire, & qui coûte quatre & cinq fois plus que ne lui coûteroit ce genre de conſommation doublé dans l'état de liberté, ou plutôt qui lui coûte la différence du tout à rien, puiſque ſi elle pouvoit le récolter, ſa dépenſe ſeroit fournie & payée en ce genre même par la terre.

On jugera de la vérité de ces

réflexions par ce mémoire, dans lequel je ſuivrai le même ordre que dans le précédent.

CHAPITRE PREMIER.

Ce que le tabac coûte à la nation en dépenſe directe.

ARTICLE PREMIER.

Eſtimation de ce que leve la ferme par la vente du tabac.

La ferme jouit du privilege excluſif de la vente du tabac dans tout ou preſque tout le royaume. Cet objet eſt compris dans ſon bail pour vingt-deux millions.

En ſuppoſant dans le royaume ſix millions de conſommateurs,

dont chacun use annuellement trois livres & demie de tabac, y compris celui qui se fume ; ou si l'on aime mieux, cinq millions de consommateurs à quatre livres par tête ; la consommation se trouve de vingt millions de livres, dont je pense que la ferme peut vendre quatorze millions. Si la ferme n'en vendoit que douze millions, ce seroit deux millions de plus vendus par la contrebande ; ce qui peut fort bien être, sur-tout depuis la derniere augmentation de dix sous par livre.

La ferme vend le tabac à différents prix ; mais celui dont la consommation est la plus étendue sans comparaison, est le tabac ordinaire qu'elle vend trois livres deux ſous. Comme elle en vend quelques parties à moins, je mettrai tout l'un dans l'autre à trois livres. Sur quoi j'obſerverai, 1.° qu'il y a peut-être par livres une once de ficele, papier & cire d'Eſpagne. 2.° Que ſes débitants qui fourniſſent la conſommation preſqu'univerſelle vendent quatre francs, & ont les dix-huit ſous pour les frais du rapage & pour les déchets, dont ils tâchent de s'indemniſer encore par l'humidité.

Quatorze millions de livres vendus à trois livres font quarante-deux millions. Si la ferme n'en débite que douze millions, c'eſt trente-ſix millions. Pour être plutôt au-deſſous qu'au-deſſus je ne porterai ſon débit qu'à douze millions de livres pesant, & la somme par elle reçue qu'à trente-six millions.

ARTICLE II.

Estimation de ce que la contrebande leve sur la nation par la vente du tabac.

LA contrebande est encore plus forte à proportion sur le tabac que sur le sel; car il n'est pas plus diffici[illegible] transporter, & le bénéfice p[illegible] livre est plus considérable.

La contrebande en introduit non seulement par mer, mais par la Flandre, l'Allemagne, la Suisse, le Piémont, &c. Puisque je n'ai porté qu'à douze millions de livres le débit de la ferme, reste pour achever les vingt millions de consommation totale huit millions pour la contrebande.

La contrebande vend quarante sous la livre l'un dans l'autre, c'est seize millions.

ARTICLE III.

Estimation de ce que coûtent à la nation les frais, amendes, saisies, confiscations, &c.

LA consommation du tabac n'étant point forcée comme celle du sel, la perception de cet impôt entraîne bien moins de frais. J'ai porté cet objet à dix millions pour la gabelle. Je ne le porterai qu'à quatre millions pour le tabac.

Une partie de ces frais tombe sans doute sur les contrebandiers; mais la prohibition de planter y expofe auffi les cultivateurs ; elle les foumet à des vifites & à des amendes lorfqu'ils fe trouvent avoir plus de pieds de tabac qu'il n'eft permis d'en avoir pour médicaments. Cette graine eft fi fine & vient fi facilement que quelque peu qu'on en feme il en leve plus qu'on en veut. Souvent un homme, ou par oubli on par la peine qu'on a de détruire une production qui ne demande qu'à venir, néglige d'arracher : il eft dans le cas d'une contravention qui peut le ruiner.

RÉCAPITULATION de ce que le tabac coûte à la nation en dépenfe effective.

La ferme vend pour . . .	36,000,000 l.
La contrebande vend pour. .	16,000,000.
	52,000,000 l.

Ci-contre....	52,000,000 l.
Les frais, amendes, saisies, &c. coûtent.......	4,000,000.
	56,000,000 l.
Le Roi en reçoit.....	22,000,000.
Reste......	34,000,000 l.

C'est par conséquent trente-quatre millions que la nation paie en pure perte pour le Roi.

CHAPITRE DEUXIEME.

Ce que l'impôt du tabac coûte au Roi.

Faisons sur cet objet le même calcul que pour le sel, ne comptons même que cinquante millions de dépense annuelle pour le tabac dans la nation; c'est précisément la trente-sixieme partie des dix-huit cents millions qui peuvent être à dépenſer annuellement dans la nation. Voyez le chapitre II. de la gabelle. Or la trente-ſixieme partie de deux cents cinquante millions qui forment la dépenſe particuliere du Roi, eſt plus de ſix millions cinq cents mille livres ; donc la ſurcharge de la dépenſe royale eſt de ſix millions cinq cents mille livres à déduire ſur vingt-deux millions ; ce qui réduit le produit du tabac à quinze millions cinq cents mille livres.

Revenu apparent.	22,000,000 l.
Surcharge de la dépenſe. . . .	6,500,000.
Revenu réel. . . .	15,500,000 l.

CHAPITRE TROISIEME.

IDÉE de ce que coûte à la nation l'impôt du tabac en anéantissement de richesses.

CE que j'ai dit sur cet article par rapport à la gabelle, me dispense de m'étendre beaucoup ici. D'ailleurs il y a moins de différents objets à considérer.

ARTICLE PREMIER.

Perte sur la culture du tabac.

Prohiber une production, c'est supprimer une portion de richesses & de revenu possible ; c'est donc s'appauvrir.

Dans l'état d'un commerce libre au dedans & au dehors on ne peut jamais avoir trop de productions en aucun genre. C'est leur débit & leur valeur respective qui doit décider souverainement de l'étendue de chaque culture. Or le tabac étant devenu une production nécessaire, son débit seroit très-assuré.

La culture du tabac en France s'est maintenue avec la ferme pendant un temps considérable. L'ordonnance de 1681 après avoir défendu, *art.* 24, toute semence de tabac à peine de mille livres d'amende, exempta de la prohibition un certain nombre de cantons privilégiés auxquels la culture en fut encore permise, quoiqu'avec bien des formalités, déclarations de la quantité de terres enſemencées & de la quantité de tabac fabriqué, précautions priſes pour le tranſport, acquits à caution, ports indiqués pour la ſortie, &c. Le fermier pouvoit retenir par préférence ce qu'il vouloit pour ſon approviſionnement au prix marchand. Cette culture ſans doute étoit fort reſſerrée & fort gênée; mais enfin elle ſubſiſtoit & a ſubſiſté juſqu'en 1719, où on l'a prohibée en entier pour la transférer à la Louiſiane en faveur de la compagnie d'Occident, qui s'obligeoit d'en tirer notre approviſionnement. Cette compagnie fut renverſée avec le ſyſtême auquel on avoit lié ſon ſort. La vente excluſive fut remiſe en ferme en 1721, puis accordée à la Compagnie des Indes en 1723; enfin en 1730 elle a été réunie aux fermes générales pour huit millions, & n'en a pas été séparée depuis. Nos plantations n'ont point été rétablies; nos colonies depuis long-temps n'en fournissent point: la ferme le tire de l'Angleterre, de qui elle en achete annuellement pour quatre à cinq millions; & la contrebande s'en fournit où elle peut.

Le territoire de la France est très-propre à cette production; & l'on se rappelle encore les noms de certains cantons où le tabac avoit une qualité supérieure. En général il croît facilement partout; & loin d'épuiser la terre &

de la rendre moins propre à d'autres cultures, elle la bonifie au contraire & produit l'effet des prairies artificielles.

Malgré le haut prix où l'on a porté cette production que le peuple achete quatre francs aux débitants & quarante sous à la contrebande, il s'en consomme vingt millions de livres. Il est constant que la liberté porteroit la consommation à plus d'un tiers en sus, peut-être au double, & que nous en vendrions beaucoup aux étrangers en concurrence avec l'Angleterre. Nos bons crûs sont bien supérieurs aux tabacs de la Virginie ; & l'Allemagne qui nous en fournit tant aujourd'hui en contrebande, nous en acheteroit à ſon tour. J'eſtime à quarante millions de livres le débit tant au dedans qu'au dehors; il ſe feroit à différents prix ſuivant la qualité. On peut croire qu'il s'en vendroit vingt millions à dix ſous, & vingt millions à cinq ſous la livre; ce qui donne quinze millions de produit territorial, dont au moins neuf millions de produit net.

ARTICLE II.

Effet de la ſuppreſſion de cet impôt ſur les avances de la culture.

La claſſe des cultivateurs s'eſt habituée à l'uſage du tabac comme le reſte de la nation; & pour lui en faire contracter l'habitude dans l'origine, des gens apoſtés alloient, dit-on, dans les campagnes en préſenter à l'iſſue de la meſſe & dans les cabarets. Cette dépenſe eût été peu conſidérable ſi la culture de cette production fût reſtée libre. Quatre livres à cinq ſous font vingt ſous; quatre livres aujourd'hui à quatre francs ou à cinq ſous l'once, comme le vendent les débitants, coûtent ſeize francs : d'ailleurs combien de cultivateurs en auroient ſemé eux-mêmes comme ils ſement du chanvre; & dans chaque endroit on auroit appris à le préparer.

Rien de ce qui retentit à la culture ne peut être indifférent, & il n'eſt aucune opération économique qui n'ait un rapport plus ou moins direct avec elle:

toute nouvelle charge miſe ſur la culture, agit ſur les avances productives ; & cette même charge, ſupportée par les autres claſſes, n'eſt principalement nuiſible qu'en tant qu'elle reſtreint la conſommation, qu'elle diminue la valeur, & rejaillit ainſi ſur la culture.

Je crois pouvoir me diſpenſer de placer ici un tableau de la régénération des avances qui pourroient réſulter de la ſuppreſſion de cet impôt ; je ne ferois que répeter ce que j'ai dit dans le Mémoire précédent ; ce ſont les mêmes principes & la même maniere d'opérer. En ſuppoſant que toute la culture fût affermée, & que les fermiers & leurs ſalariés ſupportent vingts millions, des cinquante-ſix millions que cet impôt coûte à la nation en dépenſe directe, & en prenant cinq années pour moyen terme de la durée des baux, on trouveroit à la cinquieme année un capital de deux cents ſoixante millions d'avances primitives, qui après une révolution de neuf ans, donneroit un accroiſſement de revenu de cent trente millions. Quand on ne voudroit prendre que la moitié, on trouveroit au bout des neuf ans un fonds de cent trente millions d'avance, donnant ſoixante-cinq millions de produit net.

Mais ſans m'attacher ici à aucun calcul, il me ſuffit de faire envisager que la culture en général trouveroit un grand bénéfice à cette suppression, & qu'une bonne partie de ce bénéfice tourneroit en améliorations tant de la part des entrepreneurs de culture, que de la part des journaliers & vignerons, propriétaires de quelque héritage.

Qu'on ne dise donc plus que l'impôt du tabac est un des moins onéreux, sous prétexte qu'il porte sur une consommation volontaire (ce qui même est faux, puisque l'habitude la rend forcée). Que ceux qui sur les points les plus importants se décident par les considérations les plus superficielles, apprennent à calculer, & voient enfin combien est mal fondé

fondé le préjugé qui regarde l'impôt direct comme plus fâcheux & plus coûteux que l'impôt indirect: qu'ils sentent que l'impôt direct est simple dans ses effets, qu'il ne détruit rien, & ne cause ni perte ni dommage; tandis que l'impôt indirect, & principalement celui sur les consommations, détruit tout, & se dévore lui-même, en tarissant peu-à-peu la consommation, la valeur & la reproduction.

RÉPONSE

A une Objection sur la régénération des avances, & attribuée à la suppression de la gabelle & du tabac.

On opposera peut-être que la régénération des avances que je présente comme un effet de la suppression, n'est pas un effet propre & particulier à cette cause, attendu qu'une somme quelconque ajoutée aux avances primitives donneroit la même progression.

Je réponds que de même que la spoliation des avances a été un effet inhérent à ces impôts, par la raiſon inverſe leur régénération ſera le fruit naturel & néceſſaire de la ſuppreſſion. Il eſt très-vrai qu'une ſomme quelconque ajoutée aux avances primitives produira le même effet. Mais je demande par quel autre moyen on peut procurer à la culture le retour d'une pareille ſomme. Sera-ce le gouvernement qui diſtribuera aux cultivateurs quarante ou cinquante millions que leur vaudra la ſuppreſſion de ces deux impôts ? Et où prendroit-il cette ſomme, puiſqu'il n'a de revenu que celui qu'il leve, & qu'il n'en a pas aſſez pour ſes beſoins & l'acquittement des arrérages de la dette. Sera-ce les propriétaires ? Mais leur revenu épuiſé de toute part & réduit à rien par l'impôt indirect, leur permet-il cette dépense? Il y a en tout ceci une progression & un enchaînement nécessaire. C'est le défaut d'avances qui a si fort diminué le revenu; mais les avances ne manquent à la terre que parce que de longue main l'impôt les a spoliées & enlevées. Par quelle voie est-il donc possible de le rendre à la terre, si ce n'est par la réforme de l'impôt qui en fournit les moyens, sans rien prendre sur le revenu actuel de l'Etat, qui malgré l'épuisement des sujets, ne peut souffrir de diminution: & quels sont les impôts qu'il faut supprimer les premiers, & remplacer par d'autres moins onéreux dans leurs effets, & moins dispendieux dans leur perception, si ce n'est ceux qui coûtent à la nation cent trente-quatre millions de dépense effective, pour ne fournir au Souverain que quarante millions effectifs, si ce n'est des impôts qui détruisent sous une infinité de rapports la quotité des productions & leur valeur. La conversion de ces impôts en d'autres moins dispendieux & moins fâcheux dans leurs suites, est donc le seul moyen possible de régénération: & s'il est vrai de dire en général que toute somme égale ajoutée aux avances produira le même effet, il est également vrai de dire qu'on ne peut trouver cette somme que dans la réforme de ces impôts, dans le gain des frais qu'ils entraînent, & dans la cessation des dommages qu'ils causent. La régénération des avances est donc non seulement un effet direct & naturel de la suppression proposée, mais c'est un effet qu'on ne peut obtenir dans les circonstances actuelles que par cette suppression : & il faut remarquer que si la culture affermée a rejeté tant qu'elle a pu ces impôts sur les propriétaires en déduction du revenu, la culture à moitié qui est si étendue, n'a jamais été dans le cas de pouvoir le faire ; que par conséquent si la suppression de ces impôts est pour la culture affermée un pur bénéfice dont elle profitera pendant le reſtant des baux, ce n'eſt pour la culture à moitié qu'une véritable reſtitution d'une ſomme qui lui eſt journellement enlevée en entier ſur ſes avances annuelles déjà ſi foibles.

OBSERVATIONS COMMUNES

SUR LA GABELLE ET LE TABAC.

§. 1. *Perte ſur le travail.*

J'AI remis à parler ici de la perte que cauſent ces deux impôts ſur le travail & ſur la conſommation générale.

La terre n'accorde les productions qu'au premier travail, &

il en faut un ſecond pour préparer les productions & les appliquer à nos beſoins. Perdre ſur la ſomme du travail en général, c'eſt donc perdre ſur la ſomme ſoit des richeſſes ſoit de la jouiſſance.

Or quelle perte ne réſulte-t-il pas de l'emploi de tant d'hommes qui ſous le nom, ſoit de commis, ſoit de contrebandiers (car c'eſt tout un pour l'Etat) s'occupent, ceux-ci à débiter le ſel & le tabac avec les plus grands riſques, & par conſéquent avec une grande dépenſe de temps; ceux-là à donner la chaſſe aux premiers, à garder les paſſages, à aſſiéger les chemins, à border les rivieres, à fouiller les maiſons, &c. ſur-tout dans les pays limitrophes des pays de gabelle. Combien de bras enlevés à la culture & aux services de l'industrie & du commerce, & combien la suppression de ces impôts ne rendroit-elle pas à l'Etat de citoyens qui trouveroient à s'employer si utilement en différents genres ?

C'est donc un très-faux point de vue que de mettre en objection contre la suppression de ces impôts l'inutilité à laquelle elle réduiroit un si grand nombre d'hommes. C'est au contraire pour les restituer aux travaux utiles, qu'il convient de les réformer. Si la crainte de priver des hommes de leur emploi devoit arrêter dans les grandes opérations, on ne devroit jamais licencier de troupes à la paix, par la raiſon qu'on prive de leur état une infinité de gens qui accoutumés à un genre de vie, auront peine à en embraſſer un autre. On les congédie cependant ſans autre reſſource que celle de leur induſtrie : & ne doit-on pas convenir que de braves gens qui ont prodigué leur vie pour la défenſe de l'Etat, mériteroient autant de conſidération que les employés à la perception de l'impôt ? Si cette crainte devoit arrêter, il auroit fallu dans un autre genre prohiber les moulins à vent & à eau, les métiers à faire des bas, &c. il faudroit s'abſtenir de la conſtruction des canaux; car toutes ces inventions & constructions tendent à diminuer le travail des hommes, & ont privé bien des gens de leur art lorsqu'on les a exécutées d'abord.

J'espere qu'on ne m'opposera pas non plus qu'il y a actuellement assez de travailleurs pour la somme des salaires qu'il y a à distribuer dans la nation ; cela est très-vrai [a]. Mais quelle est la source des salaires, si ce n'est la terre? quelle est leur mesure, si ce n'est la reproduction? quelles sont les causes de cette réduction de salaires qui réduit tant de mil-

[a] Il y en a même trop pour la somme des salaires. Le nombre des mendiants en fournit la preuve.

liers d'hommes à la mendicité, & tant de journaliers dans les campagnes, à un état pire que la mendicité [a], si ce ne sont celles qui ont si fort diminué la somme de nos richesses renaissantes? Et ne voit-on pas que la régénération de richesses & de subsistances qui résulteroit de la suppression des impôts dont il s'agit, multiplieroit les salaires au profit de tous ceux qui en ont besoin, & que l'épargne que feroit la nation sur ces objets de besoin, se porte-

---

[a] On connoît plus d'une province dans le royaume où des milliers de familles agricoles n'ont pas la valeur de trente livres par tête à dépenser annuellement; elles sont plus pauvres que les mendiants, car ceux-ci consomment davantage.

roit vers d'autres objets de jouiſſance d'où réſulteroit une augmentation de travail.

§. 2. *Perte ſur la valeur des autres productions.*

Par tout ce qui a été dit juſqu'ici, l'on doit être convaincu que les impôts indirects, ſur-tout ceux ſur les conſommations (parmi leſquels la gabelle, le tabac & les aides ſont les principaux) n'ont pas un effet ſimple, mais qu'ils renferment une infinité de cauſes de deſtruction cumulées & compliquées qui agiſſent à plomb & de côté, directement & par contre-coup. Leur effet en eſt d'autant moins apperçu par le commun des hommes qui ne voient que l'écorce des chofes; mais il n'en eft pas moins réel, & il fe manifefte lorfqu'on prend la peine de le développer.

Le lecteur doit actuellement avoir une idée affez jufte de la perte qu'effuie la nation *tant en dépenfe d'une partie de fon revenu exiftant, qu'en anéantiffement de fon revenu poffible*, & très-prochainement poffible, puifqu'en peu d'années la fimple fuppreffion de ces deux impôts lui donneroit l'exiftence.

Il me refte à confidérer un autre effet de ces impôts plus éloigné, mais très-réel, & qui doit être fenti par ceux qui ont quelque connoiffance des principes; je veux parler du tort qu'ils font à la consommation & à la valeur des productions en général.

Ces deux impôts réunis enlevent annuellement à la Nation cent trente-quatre millions, dont il y a plus de quatre-vingt millions levés en pure perte pour le service public, puisque le Roi n'en reçoit que cinquante-cinq, & même bien moins si l'on considere la part qu'il en supporte sur sa dépense.

Mais ce n'est point de cet article dont je veux parler ici. La levée de cette somme ne cause pas un tort direct à la consommation, ni à la valeur des productions. Ces quatre vingt millions font partie du revenu existant, ils sont dépensés annuellement

par les fermiers, officiers, contrebandiers & autres, au lieu de l'être par les propriétaires & par leurs salariés, ce qui revient au même pour la consommation générale, sauf la différence qui se trouve entre une consommation irréguliere qui détourne le revenu de tout emploi utile, pour le faire dépenser par des gens dont le travail est au moins inutile, pour ne pas dire funeste, & une consommation réguliere & conforme à l'ordre de la propri[illegible].
On pourroit observer qu'il n'est nullement indifférent pour l'Etat qu'une somme de trois mille livres qui représente pour trois mille livres de productions fournies par la terre, soit dépensée par un

ſeul homme ou par deux, lorſque cette dépenſe eſt le réſultat d'un impôt de trente livres levé ſur cent familles agricoles qui l'auroient employée à la terre; encore moins lorſque cette dépenſe eſt le réſultat de dix condamnations d'amendes de trois cents livres chacune, qui ont ruiné dix familles & les ont réduites à l'état de mendiants; ou de la diſcuſſion mobiliaire de pauvres collecteurs dans les pays de vente forcée, & d'habitants *ſolidairement* contraints au paiement de l'impôt après la diſcuſſion des collecteurs. On pourroit obſerver que la conſommation des profits de finances partagés entre un petit nombre de perſonnes, n'eſt pas si utile à l'Etat que le seroit celle faite par dix mille familles qui auroient eu cent livres de plus à dépenser, & dont la dépense toute en subsistance ou habillements grossiers seroit retournée à la terre par un bien plus court chemin: que quoique la même chose arrive par la dépense d'un grand propriétaire, tout est dans l'ordre, parce qu'elle dérive du droit de propriété seul fondement des sociétés; au lieu que la dépense dont il s'agit est le résultat de gains faits aux dépens de toutes les propriétés, & en pure perte pour le Souverain.

Ces observations & celles qu'on pourroit y ajouter, méritent attention sans doute; mais sans m'y arrêter, je passe à l'objet qui m'occupe ici, qui est le rapport sous lequel les impôts du sel & du tabac nuisent à la valeur des autres productions. Ce n'est pas précisément par leur effet direct qui est d'enlever cent trente-quatre millions sur le revenu existant, mais par leur effet indirect en anéantissement du revenu possible. Les quatre-vingts millions levés en pure perte pourroient être plus utilement dépensés, mais du moins ils le sont; les centaines de millions possibles ne le sont pas, puisqu'ils n'existent pas.

Il est évident au premier coup d'œil que cet anéantissement de productions diminue d'autant les richesses & la consommation posſibles, car on ne peut conſommer ce qui n'eſt pas : mais il n'eſt pas ſi évident pour tout le monde que cet anéantiſſement nuit à la valeur des productions exiſtantes, parce que cette évidence dépend de la déduction de pluſieurs principes dont l'enchaînement exige quelque application. On ſeroit au contraire porté à croire que moins il y a de productions en général, plus elles obtiennent de valeur. Mais ce principe, vrai en lui-même, n'empêche pas la vérité de quelques autres principes ; & ils ne ſe contrediſent pas, parce que chacun agit ſuivant l'état donné des choſes.

Une infinité de cauſes influent

ſur la valeur des productions. Celle qui ſe préſente la premiere eſt leur rareté ou leur abondance ; mais les mots de *rareté* & d'*abondance* ſont relatifs: augmentez par exemple le nombre des conſommateurs, l'état que vous appelliez *abondance* deviendra *rareté ;* ce qui n'empêche pas que le principe que la valeur dépend de la *rareté* & de l'*abondance* ne reçoive ſon application dans chacun des états donnés en particuliers, & que ces divers états ne dépendent de pluſieurs cauſes, c'eſt-à-dire non ſeulement de la population, mais de la faculté de conſommer, plus ou moins étendue chez une nation.

Dans une nation pauvre, bien

des chofes concourent à priver les productions de la valeur où elles monteroient dans un état plus profpere. D'abord la population eft bien moindre qu'elle ne le feroit ; car le nombre des hommes fe proportionne néceffairement à la fubfiftance qu'ils peuvent fe procurer. Enfuite parmi les hommes qui exiftent, il en eft un très-grand nombre qui voudroient bien confommer beaucoup, mais qui ne le peuvent; les productions refteroient plutôt invendues que d'être confommées par eux, parce que quelque bas qu'en puiffe être le prix, ils ne peuvent y atteindre : il faudroit les leur donner par aumône ; & ce n'eft pas de cette efpece de conſommation dont il s'agit ici, puiſqu'elle n'entre pas dans le commerce. Le nombre des hommes n'influe donc pas toujours ſur la conſommation autant qu'il le devroit; il eſt évident que des gens qui n'ont annuellement que trente ou quarante livres à dépenſer par tête n'influent gueres ſur la conſommation. Enfin parmi ceux qui conſomment, il en eſt ſi peu qui ſoient en état de payer à bon prix, que ceux qui le pourroient en profitent pour acheter à moindre prix. Ainſi dans une vente à l'encan où il ne ſe trouve que peu de gens en état d'acheter, tout ſe donne à bon marché, parce que la concurrence des gens pour lesquels la faculté d'acheter est très-bornée, n'est pas propre à mettre une grande enchere. Le prix dépend donc non seulement de la consommation effective, mais aussi de la faculté d'acheter plus ou moins grande, *car le débit se fait à tout prix.*

L'état de la population & l'aisance ou la misere de cette population influent donc prodigieusement sur la valeur : mais ces causes elles-mêmes dérivent d'une seule, sçavoir de l'état donné de la *reproduction annuelle*; car la population & la faculté de consommer se proportionnent nécessairement à la somme des richesses renaissantes.

En effet tous les biens propres

à

à la subsistance & à la jouissance des hommes sont produits ou fournis par la terre. Consommer, c'est, après les avoir recueillis ou tirés de la terre, & leur avoir donné la préparation nécessaire, les appliquer à son usage.

Les besoins se réduisent à deux principaux, à ceux de la subsistance & à ceux du vêtement & logement, ce qui comprend les meubles. On ne peut remplir les besoins de subsistance sans un anéantissement actuel des choses dont on use : & les besoins du second genre emportent aussi dans le moment où on se les procure, une destruction actuelle de subsistances, puisqu'il est indispensable de fournir à la consommation journaliere de ceux qui s'emploient aux travaux de la préparation ; ce qui eſt conſommer par autrui, ou aſſocier un autre à ſa dépenſe. L'action de remplir les beſoins du ſecond genre n'emporte pas à la vérité une deſtruction ſubite des choſes dont on uſe, mais ſeulement une deſtruction progreſſive & plus ou moins lente. Un habit dure un an, une voiture douze ou quinze, un lit & des meubles quarante ans, une maiſon deux ou trois cents ans. Mais jouir de tout cela, c'eſt toujours conſommer & appliquer à ſon uſage des choſes qui ſe détruiſent, & dont la préparation ou conſtruction n'a pu ſe faire ſans une conſommation actuelle de ſubſiſtances : acheter ces choſes lorſqu'elles ont déjà ſervi, c'eſt achever une conſommation commencée par autrui.

Une nation ne peut dépenſer annuellement pour ſes différents beſoins plus que la ſomme de ſa reproduction annuelle, qui ſe partage entre les différentes claſſes qui la compoſent, & à divers titres. Les cultivateurs & les propriétaires ont ſeuls le droit immédiat de conſommer par eux-mêmes & par autrui ; ceux-ci comme poſſeſſeurs du fonds productif, ceux-là comme poſſeſſeurs des richeſſes mobiliaires employées ſur la terre pour faire naître la production, ou comme travailleurs. La claſſe ſalariée, gagée &

ſoudoyée qui comprend les agents du commerce & de l'induſtrie, & tous ceux qui ſervent la nation en quelque genre que ce ſoit, n'a qu'un droit médiat à la conſommation, & ne l'obtient que pour prix de ſes ſervices. Cette claſſe ne peut donc jamais augmenter dans une nation la faculté de conſommer qui eſt déterminée par la ſomme de la reproduction : elle ne peut que partager ce qui exiſte ; & plus il y en a, plus ſa part eſt avantageuſe. Car comme l'envie de jouir s'étend à perte de vue & n'a d'autres bornes que la faculté de la ſatisfaire ; plus il y a de richeſſes renaiſſantes, plus cette faculté de jouir s'étend pour les deux premieres claſſes, ſeules propriétaires de la reproduction, & plus par conſéquent il y a de travaux à exécuter & de ſalaires à répandre.

Tout anéantiſſement de productions poſſibles étant une cauſe évidente d'appauvriſſement, emporte une extinction de conſommation, & ſur-tout de conſommation à bon prix, qui ſeule aſſure la valeur favorable, & donne l'être à un grand revenu [a].

---

[a] Ce n'eſt point dans la capitale ni dans les grandes villes que ſe fait ſentir cette non-valeur qui tient la culture dans l'inertie & l'engourdiſſement. Les citadins au contraire ſe plaignent du haut prix, ce qui n'eſt point étonnant, vu les frais de commerce & les impôts qui dans la revente ſe confondent avec le prix originaire. Mais cette non-valeur eſt ſenſible dans les provinces éloignées

En effet tout se tient dans l'ensemble de la machine économique. La quantité d'une production & sa valeur influent sur la quantité & sur la valeur des autres ; parce qu'on ne paie les productions qu'avec des productions,

---

où l'on voit une corde de bois se vendre vingt-cinq sous, & une pinte de vin un sou. Les débouchés sans doute porteroient la vie dans ces provinces en facilitant la sortie des productions. Mais la consommation rapprochée & faite sur les lieux par les propriétaires leur seroit bien plus avantageuse ; elle supprimeroit les frais de transport & de commerce, & cette épargne tourneroit au profit de la valeur en premiere main de la reproduction & du revenu. Si la chose étoit de mon sujet, il seroit facile de faire voir que le désordre politique à cet égard vient en grande partie de l'impôt, qui par les profits qu'il occasionne, accumule dans la capitale les fortunes pécuniaires.

& que moins on en possede, moins on peut acheter & payer. Bien des gens qui ne voient que les apparences, croient que c'est l'argent qui donne le branle à la circulation ; tandis qu'au contraire il n'est lui-même mis en action que par l'échange qui se fait des productions, & qui se fait très-souvent sans lui. L'argent ne multiplie ni les échanges, ni les productions qui sont la matiere des échanges, & qui paient réellement toute la dépense qui se fait dans la société. Il ne manque jamais de se présenter quand il y a matiere à échange ; & il n'intervient entre le vendeur & l'acheteur que comme un simple gage intermédiaire qui assure &

garantit à celui qui le reçoit le choix de la jouiſſance qu'il voudra ſe procurer.

Ceux qui bornent leur vue à l'argent, l'ont donc bien courte; car bien loin qu'il ſoit le dernier terme, un contrat où il intervient en paiement n'eſt qu'à moitié conſommé: il eſt terminé à la vérité entre les deux parties qui ſe ſont reſpectivement donné valeur pour valeur; mais il ne l'eſt pas du côté du vendeur quand à l'objet définitif qu'il s'eſt propoſé; car cet objet a été d'acquérir ultérieurement un bien propre à la jouiſſance, comme a déjà fait l'acheteur. Le vendeur qui a reçu l'argent, ne remplira ſon intention que lorſqu'il deviendra acheteur, & qu'il se défera de son argent qui n'est pas un bien propre à la jouissance, & qu'il n'a pas reçu pour le conserver. Tout se réduit donc à la production qui seule est la mesure de la faculté de dépenser, parce qu'elle seule fournit la matiere de la dépense. Il y a toujours assez d'argent, parce qu'il sert mille & mille fois à l'usage du commerce sans se consommer, & qu'on trouve moyen de suppléer très-souvent sa présence par le papier. S'il y en a plus qu'il n'en est besoin pour les échanges, il reste oisif, ou ne fait plus que circuler sur lui-même par le moyen de l'usure & de l'agiotage.

D'après ces principes, il doit

être évident pour ceux qui voudront prendre la peine d'y réfléchir, que la gabelle qui éteint presqu'entiérement le produit de nos salines, qui restreint si fort celui de nos pêches, qui nous ôte un préservatif de maladies pour nos bestiaux & un excellent engrais pour nos terres, que l'impôt du tabac qui anéantit en entier une branche de culture, restreignent d'autant nos richesses, par conséquent la faculté de consommer, & la valeur des autres productions qui se payeroient mieux s'il y avoit plus de quoi les payer. Il est evident que ces deux impôts, en tant qu'ils ont porté, dans leur origine & leur accroissement, sur les avances de la culture qu'il ne faut jamais entamer le moins du monde, & qu'on ne peut trop accroître, ont bien autrement encore diminué notre reproduction & la faculté de consommer. Il est évident par la raison contraire que le bénéfice, qui résulteroit de leur suppression, laissé pendant le cours d'un bail entre les mains des fermiers, & par eux converti en avances primitives, qu'une autre partie tant de ce bénéfice que de l'accroissement du revenu après les baux renouvellés, convertie de même en avances par les propriétaires, donneroient en peu d'années une augmentation de productions qui répandroit une aisance générale, & bientôt après un accroiſſement de population, qui douée de la faculté de conſommer, ſoutiendroit la valeur.

Tout cela eſt vrai, ou bien il faut ſoutenir que tous ceux qui ont le deſir de conſommer, conſomment, ſoit qu'ils en aient les moyens ou non ; que le prix qu'on met aux denrées ne dépend pas de la faculté qu'on a d'acheter ; que la quantité de la reproduction ne fait rien à l'état des richeſſes d'une nation, & ne donne pas plus ou moins d'étendue à la faculté de conſommer. Il faut dire que la claſſe ſalariée d'une nation fait naître ſa ſubſiſtance par ſon travail ; & par l'abus le plus manifeſte des termes, confondre ces mots, qui emportent des idées ſi différentes, *gagner ſa ſubſiſtance ou la produire.* Il faut dire que la claſſe ſalariée peut vivre autrement qu'en recevant ſa part de la reproduction annuelle pour prix de ſes ſervices, & qu'elle en reçoit autant lorſque la reproduction eſt moindre que lorſqu'elle eſt plus forte. Il faut dire que la reproduction ne peut être portée au-delà du point où elle eſt, non ſeulement par des défrichements, mais auſſi par une meilleure culture des terres en valeur; que la culture peut s'exécuter ſans dépenſe, ou que l'on peut ſans inconvénients pour la culture réduire les dépenſes productives; que les avances annuelles ſont également fructifiantes, ſoit qu'elles ſoient ſoutenues de fortes avances primitives, ſoit qu'elles en ſoient dénuées, ou preſque dénuées, &c. &c.

Mais laiſſons ces abſurdités qui ne peuvent entrer dans l'eſprit d'un homme à qui Dieu a départi la faculté de raiſonner; & convenons qu'une bonne opération dans un point capital devient le premier anneau d'une progreſſion infinie de biens. Elle agit en raiſon inverſe du déſordre. Elle répare ce qu'il a détruit, elle fait revivre l'aiſance & la proſpérité qu'il avoit bannies, elle fait naître des hommes qui jamais n'auroient vu la lumiere: & il faut bien remarquer ici que la régénération ſeroit infiniment plus rapide & plus ſenſible que n'a été la dégradation qui n'eſt arrivée qu'imperceptiblement & par degré. Si ſur le champ & tout à la fois on eût établi ces deux impôts tels qu'ils ſont aujourd'hui, c'en étoit fait de la culture. Avant la fin du premier bail les fermiers auroient vu fondre la totalité de leurs avances. Or, la ſuppreſſion de ces impôts ſans qu'il en reſte de veſtige ſe faiſant ſubitement, la régénération ſera auſſi prompte que la deſtruction l'auroit été ; & il ne faudra que la durée d'un bail pour que le Souverain & les propriétaires en recueillent des fruits ineſpérés.

Les effets d'une ſi ſalutaire opération ſont ſi étendus, que je n'ai pu en donner qu'une idée à coup ſûr bien inférieure à la réalité, quoiqu'elle puiſſe paroître exceſſive à ceux qui faute de découvrir les effets dans les cauſes, ne croient poſſible que ce qu'ils voient de leurs yeux. Puiſſent-ils un jour, convaincus par l'événement, me reprocher de n'avoir fait qu'entrevoir l'accroiſſement de nos richeſſes & de notre proſpérité dans les ſuites de cette ſuppreſſion !

OBSERVATIONS GÉNÉRALES.

PREMIERE OBSERVATION.

QUELQUES-uns des lecteurs seront peut-être étonnés que dans l'énumération des pertes que causent les deux impôts dont il s'agit en anéantissement de richesses, je n'aie pas parlé du préjudice qu'ils peuvent porter au commerce. La raison en est que je ne pouvois présenter cet article en particulier que par un double emploi.

En effet j'ai indiqué & essayé de calculer, autant que la matiere me l'a permis, le préjudice que souffre le revenu de la nation ſous divers rapports. Or tout ſe trouve renfermé dans cet objet, qui eſt tout pour une nation; parce que le revenu ne pouvant s'accroître qu'en raiſon de la quotité & *de la valeur* de ſes productions, & *la valeur ſuppoſant le commerce* qui en eſt le véhicule, lorſqu'on a calculé le revenu, les bons effets du commerce ſur la valeur s'y trouvent compris. Il ne préſente plus au-delà que des frais de voiture & des ſalaires, qui bien loin d'être un accroiſſement de revenu y forment une déduction néceſſaire.

SECONDE OBSERVATION.

QUE perſonne ne m'accuſe dans ce mémoire d'avoir eu la

moindre intention d'inculper le fermier, ni ſes agents. C'eſt la choſe même dont j'ai tâché de montrer les effets fâcheux par un pur motif de zele pour l'intérêt de mon Souverain & de ma Patrie. Le fermier fait ſon métier, & ſouvent il ne le fait pas encore auſſi ſtrictement qu'il y eſt autoriſé. C'eſt le procédé du monde le plus inutile que celui de raſſembler un tas de faits odieux, & dont le recueil ne peut inſtruire de rien. Laiſſons là ces miſérables détails, pour nous occuper de la choſe. S'y appeſantir, c'eſt donner à croire que le vice de l'impôt réſide dans la conduite du fermier: & ne voit-on pas que ces rigueurs dont on ſe plaint ſont dans la nature de l'impôt qui n'eſt pas percevable d'une autre maniere, & qui ne rendroit rien ſi l'on ne prenoit toutes ces précautions pour le faire valoir ?

Il n'y a donc rien dans toute la conduite du fermier qui doive ſurprendre. On lui donne à percevoir des droits fort chers ſur la conſommation journaliere ; la contrebande eſt inévitable, il faudroit pour l'empêcher qu'il eût un commis à chaque bouche. On lui donne à percevoir des droits de la perception la plus diſpendieuſe ; peut-il ſe diſpenſer de faire de grands frais ? On lui confie la levée de droits rigoureux, & il les leve rigoureuſement : on le charge de faire valoir ces droits,

& il s'en acquitte de ſon mieux: on lui accorde toute protection, & il en profite: on lui remet la force en main, & il en uſe: on lui donne à gagner, & il accumule des profits. Tout cela n'a rien d'étonnant; il le ſeroit beaucoup au contraire que les choſes ne fuſſent pas ainſi.

TROISIEME OBSERVATION.

On deſireroit peut-être de trouver ici un projet de remplacement des cinquante-cinq millions que le Roi retire ou paroît retirer de ces impôts; mais ce n'eſt pas là mon objet: j'ai ſeulement voulu prouver combien ils coûtent à la nation en dépenſe directe, combien ils lui font perdre de revenu possible. J'ai rempli ma tâche, qu'un autre l'acheve. Tout ce que je sais, c'est que ma patrie a des ressources incroyables; & qu'en attendant qu'elle puisse les développer, il faut la traiter comme un corps atteint d'une maladie de langueur, auquel les remedes violents ne conviennent pas.

Tout ce que je sais, c'est que l'impôt direct est le seul véritable impôt qui convienne à une grande nation agricole; que l'impôt sur les consommations ne convient qu'aux comptoirs marchands, nommés républiques commerçantes, qui privées d'un territoire suffisant, n'ont pas d'autre ressource pour fournir à la dépenſe commune ; que l'impôt direct bien établi coûteroit infiniment moins à la nation, & pourroit rendre beaucoup plus au Souverain, & le mettre (après avoir attendu le temps de la régénération) en état d'acquitter promptement la dette publique, & de n'en jamais contracter. Mais je vois auſſi qu'on ne peut paſſer ſubitement à l'impôt direct, & que le chemin pour revenir à l'ordre eſt de paſſer des impôts indirects les plus onéreux, par les impôts indirects les moins onéreux : que les impôts indirects les moins onéreux ſont ceux qui ne nuiſent point à la valeur ni à la conſommation des denrées : que le plus grand inconvénient de la taille eſt ſa variation, & qu'elle deviendroit un impôt *preſque* régulier ſi on la fixoit avec ſes annexes dans l'état actuel juſqu'au moment de la refonte générale de l'impôt : que ſa fixation dans chaque généralité, chaque élection, chaque paroiſſe, & autant qu'il eſt poſſible pour chaque particulier, n'empêcheroit pas qu'on ne reportât au ſou la livre ſur la taille une partie du remplacement du ſel & du tabac ; parce qu'impoſer un, en ôtant cinq, & en fourniſſant les moyens d'acquérir vingt, n'eſt pas ſurcharger. J'obſerverai ſeulement que ſi l'on veut que la régénération ſoit prompte, il faut ménager les campagnes (car c'eſt d'elles ſeules que

ſortent

ſortent les richeſſes), & reporter ſur les villes l'impôt de remplacement le plus qu'il ſera poſſible : que la capitale par exemple qui paie peut-être aujourd'hui ſix à ſept millions en ſel & tabac, doit contribuer à proportion au remplacement ; parce que dans un temps où les vraies reſſources ne ſont pas encore créées, on ne peut puiſer de l'argent qu'où il y en a, & où ſon emploi eſt le moins utile, &c. : que les marais ſalants devenant une branche conſidérable de revenus, offrent un ſupplément proportionné : qu'il eſt facile de les ſoumettre à un impôt fixe, établi ſur chaque arpent de marais : que cet impôt direct ne peut préjudicier ni à la quantité, ni à la valeur de la production, ni à la liberté du commerce, & s'accroîtra en peu d'années à mesure que les marais se multiplieront. Tout cela n'est pas bien difficile à combiner pour le mieux; mais mon intention ici n'est pas de faire un projet.

QUATRIEME OBSERVATION.

On m'opposera peut-être qu'il y a encore des impôts qui ne peuvent se lever sans un exercice habituel de commis sur le territoire, qu'on ne gagneroit donc rien quant à l'épargne des frais en les laissant subsister, puisque cet entretien coûteroit autant pour une partie que pour le tout, & absorberoit tout le produit de ces impôts.

Je réponds 1.° Que ces impôts ſont, à ce que je crois, la partie ambulante des aides & les traites foraines, droits de boucheries, &c. & qu'il s'en faut bien que ces impôts exigent autant de prépoſés que le ſel & le tabac. J'avoue cependant que les commis étant employés à pluſieurs perceptions à la fois, on ne peut les conſerver pour une partie, ſans diminuer beaucoup le produit des impôts reſtants.

2.° J'en conclus qu'il ſeroit donc bien avantageux de ſupprimer en même temps ces ſortes d'impôts, en laiſſant ſubſiſter par *interim* les entrées des villes qui exigent peu de frais : qu'il ſeroit également facile de montrer combien ces impôts ſont nuiſibles, combien le commerce & la valeur gagneroient à la ſuppreſſion des traites foraines ; que les pays d'états qui recueilleroient une partie de l'avantage, contribueroient au remplacement ; que les droits de boucherie & autres petits droits ſemblables ſont des miſeres ; que la vigne délivrée de tant d'entraves ſeroit bien en état de fournir elle-même le remplacement de ce que rend au Roi cette partie des aides la moins lucrative pour lui, parce qu'elle eſt la plus diſpendieuſe, ſur-tout ſi l'on facilitoit la ſortie de nos vins à l'étranger par la ſuppreſſion des droits; que douze ou quinze livres mis ſur chaque arpent de vigne ſous le nom de remplacement d'aides, ſuffiroient peut-être pour ſuppléer à la ſuppreſſion non ſeulement de la partie ambulante des aides, mais des aides en entier, &c. Mais je ne puis trop répéter que mon but n'eſt point ici de donner un projet, mais ſeulement de convaincre tout le monde de cette vérité de fait, c'eſt que la reſſource de la France ne conſiſte que dans la réforme de l'impôt; que cette reſſource eſt immenſe, & la portera rapidement à un point de proſpérité qu'on ne peut aujourd'hui ni prévoir ni calculer.

RÉCAPITULATION GÉNÉRALE

De ce que coûtent à la nation la gabelle & le tabac tant directement qu'indirectement.

En dépense effective.

La gabelle coûte en dépense effective soixante-dix-huit millions ; Sçavoir :	
La ferme vend pour	58,900,000 l.
La contrebande vend pour .	10,000,000.
Les frais, amendes, confiscations coûtent	9,100,000.
Le tabac coûte en dépense effective cinquante-six millions ; *Sçavoir*,	
La ferme vend pour . . .	36,000,000.
La contrebande vend pour .	16,000,000.
Les frais, amendes, confiscations coûtent	4,000,000.
Total de la dépense effective .	134,000,000.

EN ANEANTISSEMENT DE RICHESSES *prochainement possibles.*

La gabelle anéantit tant sur la quantité de nos sels que sur leur valeur, cent quatre millions quatre cents mille livres ; n'en mettons que	72,000,000 l.
Elle gêne & restreint nos pêches, ci	*pour mémoire.*
Elle prive nos bestiaux d'une consommation nécessaire, ci	*pour mémoire.*
Elle prive notre culture d'un engrais très-actif & très-fécond, ci	*pour mémoire.*
L'impôt du tabac nous prive d'une production territoriale de valeur d'au moins.	15,000,000.
Total de l'anéantissement de richesses, non compris les trois articles portés pour mémoire, ...	87,000,000.

Ces quatre-vingt-sept millions joints aux cent trente-quatre millions ci-dessus en dépense effective, font deux cents vingt-un millions que coûtent bien réellement à la nation ces deux impôts qui paroissent procurer au Roi cinquante-sept millions, mais sur lesquels il faut ôter seize millions cinq cents mille livres, dont il contribue lui-même à ces impôts par la surcharge dont ils grevent sa dépense. Ainsi ces deux impôts coûtent d'abord à la nation deux cents vingt-un millions pour procurer au Roi quarante millions cinq cents mille livres ; ce qui fait cent quatre-vingt millions cinq cents mille livres en pure perte.

Mais combien cette perte ne deviendroit-elle pas plus effrayante, si l'on pouvoit soumettre au calcul les trois articles tirés ci-dessus pour mémoire, sçavoir, le préjudice que la gabelle cause à la pêche, à nos bestiaux, & à nos engrais! Ces trois objets sont immenses & incalculables.

Enfin j'ai tâché de donner une idée du préjudice que ces impôts ont causé successivement à la culture, & de la régénération des avances, & par conséquent du revenu qui résulteroit de leur suppression. Quelques retranchements qu'on veuille faire sur les résultats que j'ai présentés, on doit toujours concevoir que cet article est immense; & comme le revenu public ne peut être qu'une portion du revenu total du territoire, on doit conclure combien ces impôts font perdre au Roi sur son revenu possible.

En général lorsqu'on considere l'anéantissement de richesses que cause l'impôt indirect, principalement celui sur les consommations, on ne doit pas dire : *La ferme générale rapporte tant, mais les impôts y contenus coûtent tant au Roi & à la nation.*

CONCLUSION.

Mon but dans ce Mémoire a été de présenter la perte que causent à la nation ces deux impôts du côté de la reproduction & du revenu. A cet égard mon objet est rempli; mais puis-je me dispenser d'observer combien ils répugnent aux droits de la propriété & de la liberté, droits d'autant plus précieux, qu'ils sont inappréciables?

N'est-ce pas un droit incontestable de la propriété, que celui d'employer son héritage à la culture de telle ou de telle production, d'acheter, de vendre, de transporter librement, & de jouir en un mot dans toute l'étendue du terme, soit d'un bien récolté, soit d'un bien acquis par l'échange? Et n'est-ce pas supprimer ce droit que de s'emparer exclusivement de deux productions dont l'une même est de premiere nécessité, d'en défendre le commerce sous les peines les plus graves, de prohiber la culture de l'une, de reſtreindre par l'effet néceſſaire de toute excluſion la procréation de l'autre, d'en éteindre la valeur en premiere main, d'en rendre d'un côté la conſommation forcée, de l'interdire en quelque ſorte de l'autre par la cherté, & de réduire l'uſage de ces deux productions en forçant de les acheter douze & quinze fois au-deſſus de leur valeur naturelle?

La liberté légitime eſt-elle conciliable avec des impôts qui exigent des recherches continuelles, qui donnent lieu à la délation obſcure, qui ſoumettent les ſujets à une inſpection ſi humiliante & ſi contraire à la dignité de citoyen? Eſt-elle conciliable avec des impôts prohibitifs, dont l'effet eſt de faire des coupables, & de multiplier les délits & les peines : avec des impôts dont la perception entraîne à chaque inſtant les contraintes les plus rigoureuſes, les ſaiſies, les amendes, les confiſcations contre des citoyens qui n'ont pas eu le moyen d'acheter, ou qui ont profité du moindre prix qui ſe préſentoit; dont la perception donne lieu à des peines deſtinées aux crimes qui attaquent la ſociété, le banniſſement, les galeres, la mort même en certains cas, contre des gens que la miſere & l'appas du gain préſent rendent coupables d'une action d'autant plus excuſable, qu'elle n'eſt devenue crime que par la prohibition, & qu'enſuite le ſoin de la défenſe perſonnelle, la crainte & le déſeſpoir conduiſent à la rébellion à main armée? Toutes ces ſuites funeſtes dérivent de la nature de l'impôt, elles ſont inſéparablement liées avec lui; car il ne peut exiſter ſans la force toujours armée, toujours préſente pour protéger & ſoutenir la perception, pour réprimer la contravention, qui elle-même eſt une ſuite inévitable de l'impôt.

Que l'impôt ceſſe, *l'ordre* eſt rétabli, la propriété rentre dans tous ſes droits, la liberté renaît, l'uſage des dons de la nature ceſſe d'être la matiere d'une prohibition, l'impôt n'exige plus de victimes, les coupables disparoissent, tous les sujets sont soumis & fideles, leur obéissance n'est plus compromise avec la volonté légale, le Souverain n'est plus forcé de faire violence à la bonté de son cœur, d'avoir toujours le bras levé sur ses sujets, ni de tenir sur pied une armée de surveillants pour les surprendre & les poursuivre; l'autorité n'a plus à punir que les véritables crimes dont le châtiment est applaudi de tous, parce qu'il n'est infligé que pour assurer & venger la sûreté commune.

Et telle est la récompense promise & accordée à l'observation de l'ordre; avec elle reparoissent la fécondité de la terre, les richeſſes, l'aiſance & le bonheur univerſel.

La connoiſſance des vrais principes de l'*ordre* & de tous les avantages attachés à ſon obſervation ſuffit pour déterminer l'autorité toujours bienfaiſante de ſa nature, à réprouver ces triſtes moyens de pourvoir à la dépenſe publique. Car ſa vraie gloire & ſon intérêt conſiſtent dans le maintien de l'*ordre* qui aſſure à chacun la libre jouiſſance des droits qui lui appartiennent; elle n'a point de fonction plus noble & plus ſublime, ou plutôt elle n'en a point d'autre. Et qu'y a-t-il de plus capable de la conſoler & de la ſoutenir dans les fatigues du pénible emploi de gardien &

de ſurveillant univerſel, que de voir des millions d'hommes jouiſſant avec reconnoiſſance d'un bonheur qui eſt ſon ouvrage, d'un repos qui eſt le fruit de ſes ſoins & de ſes veilles, & un peuple libre béniſſant avec tranſport la main bienfaiſante qui s'étend ſur toutes les propriétés, pour en aſſurer les droits & les defendre de toute invaſion.

La pleine jouiſſance de la liberté & de la propriété des biens eſt l'unique objet de la confédération civile : c'eſt pour ſe l'aſſurer, que les hommes ſe ſont réunis ; c'eſt pour la protéger au dedans & au dehors, que l'autorité eſt armée de la force ; c'eſt pour fournir aux dépenſes qu'exige cette protection, qu'elle jouit du droit inconteſtable de partager le revenu du territoire qu'elle gouverne : ſa copropriété eſt fondée ſur celle des ſujets, elle en eſt inſéparable ; ſon titre dérive de la néceſſité de pourvoir à la ſureté commune & à la conſervation de toutes les propriétés particulieres.

La propriété ne peut ſouffrir d'autre diminution que celle d'une portion des fruits renaiſſants dont elle doit l'hommage & le ſecours à l'autorité qui veille autour d'elle. Cette part qui doit être fixe, connue & déterminée, acquitte le ſurplus, dont la jouiſſance doit être aſſurée, l'emploi libre & la dépenſe immune : ſi la copropriété du Souverain ne doit s'exercer que sur les fruits renaissants, c'est que chaque année a ses charges, comme elle a sa récolte, & qu'une dépense annuelle ne peut se prendre réguliérement que sur les fruits annuels; c'est que la propriété mobiliaire est une espece de fonds qui ne doit rien à l'Etat, parce qu'il ne produit rien; c'est que ce fonds ne pourroit être imposé de nouveau que par un double emploi, parce qu'il n'est autre chose qu'une accumulation de fruits précédents, ou plutôt un emploi de productions antérieurement recoltées, & que ces productions dans l'année de leur naissance ont satisfait à la chose publique par un prélévement qui a affranchi pour toujours la propriété du surplus.

La liberté doit encore moins souffrir d'atteintes, parce qu'il n'est aucun cas où il puisse être utile à la société de la restreindre; & loin que l'homme en perde une partie en acquérant la qualité de citoyen, c'est dans le sein de la société, c'est à l'ombre des loix & de l'autorité qu'il doit en jouir plus pleinement & plus tranquillement. La liberté civile ne differe de la liberté naturelle qu'en ce qu'elle est plus assurée: elles comprennent l'une & l'autre *le droit de jouir de ce qui est à soi, sans blesser la propriété d'autrui*, & de faire tout ce qui n'est pas défendu par les loix de l'ordre naturel.

Les loix positives ne peuvent qu'ajouter une sanction à la loi suprême *de l'ordre* ; & comme elles ne peuvent légitimer ni permettre ce qu'il défend, elles ne doivent ni défendre, ni punir ce qu'il permet : car le bien ou le mal d'une action réside dans sa nature, c'est - à - dire, dans sa conformité ou sa dissonance avec *l'ordre*, & non dans la volonté humaine toujours incertaine & variable. Et qu'on ne croie pas que cette doctrine déroge à la dignité ni aux droits de l'autorité souveraine ; c'est au contraire la dégrader, c'est l'avilir, c'est donner d'elle une idée plus propre à la faire redouter, qu'à lui concilier les sentiments d'amour dont elle eſt le plus jalouſe, que de la repréſenter comme revêtue du pouvoir ſingulier de rendre bien ce qui eſt mal, & mal ce qui eſt bien, de créer des délits à ſon gré, & de faire des coupables pour les punir. Ce pouvoir déſordonné ne peut-être celui de l'autorité ſouveraine, il répugne à ſa nature, car il ne reſſemble pas à l'autorité du Maître ſuprême, toujours adorable parce que ſa volonté immuable eſt *l'ordre* par eſſence ; & j'aime à me repréſenter l'autorité ſouveraine comme une émanation de l'autorité du Très-Haut, comme étant ici-bas ſa plus parfaite image. Non, le pouvoir arbitraire de changer la nature des choſes ne fut jamais un droit de l'autorité souveraine. Si je le croyois je pourrois la craindre, sans pouvoir me résoudre à l'aimer : mais j'aime l'autorité, & je la respecte, car elle est bonne, elle est tutélaire de sa nature, elle est établie par l'instituteur de la société humaine pour le bonheur des hommes, elle ne peut à son exemple vouloir que *l'ordre*, elle ne peut commander que ce qui est bon, juste & conforme *à l'ordre*, elle ne peut défendre & punir que ce qui y est contraire.

Si elle est sujette à l'erreur par une suite de la foiblesse attachée à la condition de l'homme, son intention est droite ; c'est toujours malgré elle qu'elle se trompe ; c'eſt qu'elle n'apperçoit pas toujours cet *ordre* auquel ſa volonté légale ne doit ceſſer de ſe conformer. Les ſujets alors doivent la plaindre & ſe ſoumettre, la conſervation des ſociétés exige cette obéiſſance : mais de quel droit les ſujets reprocheroient-ils à l'autorité de s'être écartée de l'*ordre* ? Ils ne l'ont pas connu davantage juſqu'ici, & ils ont entraîné dans leurs erreurs l'autorité toujours bonne, & quelquefois trop facile. N'eſt-ce donc pas à la cupidité aveugle des propriétaires qu'il faut attribuer la cauſe des mépriſes ſi importantes en matiere d'impôt ? n'eſt-ce pas elle qui a donné cours aux faux principes ſur leſquels il ſe trouve

trouve établi? Les propriétaires avoient le plus grand intérêt de ne payer qu'un impôt régulier ; séduits par l'intérêt du moment, ils ont de tout temps fait leurs efforts pour soustraire à l'impôt leur revenu, qui seul est chargé de cette dette ; ils ont cru rendre le fardeau moins pesant en en rejettant une partie sur les deux autres classes de la société, qui par la nature de leurs richesses ne doivent rien ; & ils sont tombés dans une terrible erreur de calcul, faute d'appercevoir que *tout l'impôt quelque circuit qu'il prenne, retombe définitivement sur eux tant en diminution de leur revenu qu'en augmentation de leur dépense* ; & qu'il ne revient pas ſur eux ſimple comme il l'auroit été ſi on l'eût aſſis directement ſur le revenu, mais doublé par les frais, mais triplé, quadruplé, quintuplé par l'effet de la dégradation qu'il cauſe ſur la valeur des productions & ſur les avances de la culture.

Tout ce que l'on peut reprocher à l'autorité, c'eſt de s'être prêtée avec trop de complaiſance aux vues fauſſes & intéreſſées des propriétaires, qu'elle auroit dû rectifier & réprimer. Entraînée elle-même par le torrent des opinions, elle a cru dans un temps où les loix phyſiques de la reproduction & de la diſtribution des richeſſes étoient méconnues, pouvoir impoſer à volonté toutes ces richeſſes indiſtinctément, les dépenſes comme les produits, la partie engagée & privilégiée comme la partie diſponible. C'eſt donc avoir ſervi les intentions droites & bienfaiſantes de l'autorité, que d'avoir prouvé que rien de ce qui eſt contraire à l'ordre naturel, & aux droits inviolables de la liberté & de la propriété, ne peut être avantageux ni au ſouverain ni aux ſujets; que ſi l'impôt déréglé a cauſé tant de ravages, ſa réforme eſt capable de réparer le mal, & que la proſpérité publique ſera l'effet & la récompenſe du rétabliſſement de l'ordre.

FIN.

www.ingramcontent.com/pod-product-compliance
Ingram Content Group UK Ltd.
Pitfield, Milton Keynes, MK11 3LW, UK
UKHW020103200726
13856UKWH00002B/345

9 782013 572439